大旗出版
BANNER PUBLISHING

大旗出版
BANNER PUBLISHING

帝王秘事
貳
你不知道的歷史真相

目錄

目錄

目錄

目錄

# 史說新語

看過一部 HBO 自製電影叫《Mrs. Harris》（港譯「狂情黑寡婦」），本・金斯利（就是演甘地的那位）飾演的男主角是個醫生，業餘愛好是讀史，他有這麼一句臺詞：歷史如此精彩，何必讀小說呢？

如果讀了倪方六這本書，閣下應該會同意這個說法。

其實倪方六的上一本著作《盜墓史記》，就已經印證了這個說法。當時曾有媒體指出：「《盜墓史記》的作者抽絲剝繭，另類讀史，記述了從中國古代到現代幾千年間發生的稀奇古怪的盜墓現象，集知識性、趣味性、史料性於一體，是一本比盜墓小說還好看的文化讀本。」（《江南時報》2008 年 1 月 15 日）

近年來中國出現了一種文化現象：一些對歷史有很深造詣的人士（多為非職業史學者，他們既不是史學研究所的研究人員，也不是學校裏教授歷史的老師，史學是他們的業餘愛好），用很不歷史但引人入勝的筆法來講述歷史，用很不主流很不官方的觀點來重新詮釋歷史。

兄弟我將這種現象稱為「史說新語」。

倪方六便是這樣一位「史說新語」者。

在中國，以往所見的歷史書籍通常都很不精彩，一般都非常乏味，枯燥程度僅次於政治經濟學教科書。

蓋因為以往之史家，以史為業而未能以史為樂也。

所謂以史為業，就是以治史為飯碗。飯碗的背後是什麼大家都知道：老闆的臉色。你不能由著你自己的性子來，你怎麼來得由你老闆決定。

老闆喜歡標語口號，你就得想辦法多來點兒口號標語。

老闆喜歡「格調高雅」，你就不能「格調低下」。

老闆喜歡玩深沉，你不深沉也得裝深沉。

老闆要你說教，你就得說教。

總之，你擁有了飯碗，失去了自己。

於是，數十年的時間裏，我們可以讀到的少得可憐的那幾本歷史書籍，要麼官氣十足，要麼索然寡趣。

不僅外行人覺得不好玩，他們業內人士也覺得自己白忙一場。

復旦大學歷史系教授樊樹志曾在他的古稀之年說了這樣痛心的話：

「幾十年裏，明史學界只搞了兩個東西，一個是農民起義，為了貫徹『階級鬥爭是歷史的動力』這一學說，我這一代人都在研究農民起義⋯⋯現在回頭看看，農民起義的研究基本是一堆廢紙，能夠留下來的成果基本為零⋯⋯」（《新民週刊》2007年第8期）

但倪方六不是吃歷史這碗飯的，不靠歷史論著評職稱升官職加薪水。「歷史」，只是他自家的「後花園」。在這個後花園裏，沒有老闆（非要說有的話，則他自己就是老闆），沒人管得了他，沒人能告訴他，該研究什麼，該怎麼研究。他擁有極大的自由，想研究什麼就研究什麼想怎麼研究就怎麼研究。

倪方六自己說，有人在他的部落格上留言，罵他不幹正事，盡寫這些陳芝麻爛穀子的骯髒之事。

這也攔不住倪方六，他還是想寫什麼就寫什麼想怎麼寫就怎麼寫。

如果一個人只是憑興趣做事情，並不打算取悅於其他任何人，並沒有世俗功利的目的，你又能拿他怎麼辦呢？

於是，專攻盜墓史以及帝王私密生活的倪方六，就這樣冉冉升起了。

於是，倪方六的第二本研究中國二千年封建皇室隱私、懸案的專著，就這樣翩翩降落了。

程鶴麟，香港鳳凰衛視中文台副台長，著名「時事辯論會」主持人

# 有趣且奇特的故事

我國歷史上下古今何止五千年，自有文字記載以來，尤其官史部分，書寫政治生活者向來占主流位置，長此以往，後代子孫讀古人史冊，總以為古人非聖即賢，古之帝王將相日常作息除了國事，仍是國事。此種誤解無他，概因史家基於為賢者諱，為帝王官家諱，是故一貫鮮少著墨古代帝王生活私事。惟其如此，古代帝王和官家多采多姿的生活面，在有意無意間，被遺諸正史。官方記錄的史冊揚棄生活面，多言及政治生活面之歷史陳跡，而少言及日常生活面之吉光片羽。帝王將相「神格化」的面向，被刻意放大，「人格化」方方面面的記憶，反遭史家刻意沉埋，或刻意忽略，終為後世所淡忘。

但是，帝王將相生活面「人格化」的故事，還是古今士農工商各界均感興趣的部分。本書針對歷代帝王私秘生活，全面而細膩地描述宮闈內幕，把各朝各代的帝王，最隱秘幽微的部分，全部攤在陽光底下，接受讀者的檢驗，不僅僅一定程度地滿足了人們好奇心，更能以「人格化」的觀點，平視的視角，觀察古之帝王各種俗事，這的確是作者對千萬讀友莫大貢獻。

例如，倪先生在《帝王秘事》書中述及「朱元璋葬父出現怪異天象」的情節。並說，「朱元璋，為什麼能開創大明王朝，當上皇帝……民間傳說是因為他祖墳葬得好，父母埋到一塊風水寶地上，恰巧這裏有王氣，是真龍結穴之處。」云云。中國人自古相信風水讖緯之說，這種說法甚且牢牢深植民間信仰，大家堅信不移。直至近世西洋科技文明移植中土，風水五行之說，仍盛行不墜。

本書最可貴也是最有價值者，是它總是在故事情節之中，總能佐以文獻史籍，而非僅停留於稗官野史道聽塗說的位階。就以「朱元璋葬父出現怪異天象」而論，倪先生列舉明朝徐禎卿所著的《翦勝野聞》的說法：「帝（朱元璋）父母兄弟相繼死，貧不能具棺，與仲兄謀草葬山中，途次便斷，仲返計，留帝視屍。忽風雨，天大晦，比明視之，則土裂屍陷，已成墳。」又說：「朱元璋放下扁擔的『土裂屍陷』地方，正好處於龍脈上。因為是塊難得的風水寶地，結果『平地起墳』，朱家子孫有了帝王命，從此風流三百年。西元1644 年滅亡了，則是帝王之氣不存，龍脈受傷之故。」

本書一個更吸引人的地方，是它涉獵的議題舉凡酒色財氣無所不包，但廣博卻不失其專精，泛論亦不淪為虛浮，總能深入淺出，用一些有趣且奇特的故事，畫龍點睛，巧予勾勒，而不陷低俗難耐。比如說，《帝王秘事》書中述及馬秀英嫁給朱元璋後，曾為要偷饅頭給朱元璋食用，卻因此燙傷乳房的事，雖是一小故事，卻可佐證古之帝后平易恩愛，實與平民何異。又例如，倪先生以「劉邦老婆是『偷情』高手」

為題，述說呂雉不守婦道、「紅杏出牆」的事蹟，亦透露了帝后也有人性弱點的不爭事實。

作者倪方六先生能上窮碧落下黃泉般地掘羅各色多趣的題材，充分展現了倪先生不凡的創作功力和資料消化能力。本書之所以如此豐富多彩，應與倪先生的資歷密切相關，他是資深記者、文化名人，更是江蘇省大眾文學學會副秘書長、江蘇省考古學會會員。讀者詳閱此書，必定不會有空手出寶山之歎。

本序作者為著名台灣傳記作家　王丰

# 自　序

中國的歷史，其實是一部宮廷史。

翻開二十四史，部部都是圍繞帝王展開的，帝王的生平事蹟均編撰為「本紀」，置於首編。古代史家這般選題和安排是十分合理、恰當的，因為，古代中國「溥天之下，莫非王土；率土之濱，莫非王臣」(《詩經·小雅·北山》)，即所謂「家天下」。

帝王既然有「家」，便免不了有成堆的「家務事」，在封建社會家事即國事，國事即家事。帝王也有喜怒哀樂，也要過夫妻生活。但帝王貴為人間天子，其「家」自然非黎民百姓可比，宮殿高牆，亭臺樓閣，嬪妃多多，後宮深深。即便吃、喝、拉、撒這些尋常之事，也要弄得與眾不同，吃飯不叫吃飯，叫「用膳」；做飯處也不能叫鍋屋、食堂，叫御膳房；上廁所更講究啦，即不能說方便、解手，更不能叫拉屎，而喊「出恭」；甚至連死也有規定的用字，稱為「崩」。

帝王家事因此便抹上濃厚的神秘色彩，隱而不露，故曰「秘事」。因為有了這份神秘，在「公天下」的今天，大家才有興趣去瞭解和閱讀「帝王家那點事兒」。於是，我假《太史公書》、《前漢書》、《後漢書》、《資治通鑑》這些正史典章之梯，借《洛陽伽藍記》、《朝野僉載》、《東京夢華錄》、《南村輟耕錄》、《萬曆野獲編》、《清稗類鈔》這類古人筆記之便，闖進了「皇家後院」看風景。

「皇家後院」實在太大了，院子的主人換了一茬又一茬。我只好念叨起當年高考應試口訣來不斷復甦自己的記憶：夏商與西周，東周分兩段，春秋和戰國，一統秦兩漢，三分魏蜀吳，兩晉前後延，南北朝並立，隋唐五代傳，宋元明清後，皇朝至此完。

稀奇古怪故事最多的，我認為當在漢朝「劉家大院」、唐朝「李家大院」、明朝「朱家大院」，而不是現代人聊得最多，最為熟悉的「清宮文化」。這三座大院大概代表了中國古代的全部榮耀和輝煌，裏面的故事也最香豔、最驚心動魄、最不可思議。

「劉家大院」裏曾經發生的事情，不少已成為後世諸多文學作品的素材：高祖劉邦後宮的「人彘」慘禍，武帝劉徹的「金屋藏嬌」，成帝劉驁的「牡丹花下死」，哀帝劉欣「斷袖之癖」……夜夜歡歌的背後，顯現出的盡是帝王們錯亂的性愛，與「李家大院」內太宗李世民弒兄淫嫂、高宗李治「子娶父媳」幸才人、玄宗李隆基「父娶兒媳」奪壽王妃，女皇武則天與女兒太平公主「共夫」，聯手構畫出了一幅「髒唐爛漢」的淫樂圖景。

再後來的「朱家大院」，荒唐和混亂不亞漢唐，成祖朱棣疑心宮女「對食」不貞怒殺三千，武宗朱厚照尋花問柳連寡女也不放過，世宗朱厚熜逼宮女太甚，引發了「壬寅宮變」，光宗登基30天服「紅丸」暴亡……為極盡淫欲，帝王們遍尋「不老藥」、吞服壯陽丹，結果造成「群體性短壽」。

皇位大概是穩定性最差的一枚「定時炸彈」，因權力爭奪而導致的弒殺現象，在中國皇家後院最為集中，非正常死亡成了皇帝人生的非情願選擇。中國封建第一皇帝秦皇嬴政，留下了被宦官趙高謀殺的懸疑；漢少帝劉辯僅當了四個月皇帝，就被當道的奸臣董卓廢殺；隋開國皇帝楊堅，讓自己的二兒子、後來的隋煬帝楊廣送上了西天；朱元璋欽定的接班人朱允炆被自己的親叔叔、成祖朱棣逼得走投無路，在宮中自焚。

皇帝是人世間貪欲最強烈的一族，生前奢侈，死後也想過得舒服。在活得好好時，便開始營建「壽陵」，花鉅資修築供死後「睡覺」的地下寢宮，將子民創造的財富作為自己的私財隨葬地下。為此，誕生了一種專為皇家而設計的風水理論。尋找風水寶地，萬年吉壤成了御用堪輿家的任務。皇家的風水寶地到底是怎麼選出來的，動工時有什麼講究，下葬時要注意什麼，如何防止死後不被侵擾、隨葬品不被盜走……這些問題給帝王陵附設了諸多謎團和玄機，成為帝王家事中外人最難知曉的秘密。

這「後院」裏究竟發生過多少樁有趣的事情，上演過多少齣流血的陰謀？恐怕誰也說不清，寫不盡。我這本書也只是走到哪扯到哪，盡量把帝王家事說得清楚些、系統些，全面些，稱之是中國皇家宮廷史有點難為了，叫「宮廷雜史」倒有幾分貼切。

我寫作本書的初衷，是希望「把歷史寫得更好看一點」。當然，這更好看一點不是胡嚼亂侃編小說，有意給歷史抹粉，而是少擺學者們慣耍的「之乎者也」臭架子，脫去學術的腐朽味兒，讓讀者看得明白看了還想看。

希望我的書能做到這一點。

倪方六

# 第一篇

# 深宮私情解密

# 皇帝選妃入宮「體檢」秘聞

能進入後宮給皇帝當妃子的女人並不多。皇帝有權精選全國女孩中的精華入宮為其服務。被選中的女孩入宮前都要接受嚴格的身體檢查。皇家會對其年齡、生理、心理等各方面情況進行瞭解、測試。

體檢時，每一道程序都十分仔細。容貌姣好，身材秀長，生理上更容不得有半點瑕疵，即便皮膚上長了一顆小黑痣，都會被淘汰掉。

## 採選女孩年齡下限最低十一歲

對採選進宮的女子，首先在年齡上有明確的要求。東漢時要求，十三歲以上，二十歲以下。

但各朝要求不盡一致。三國時吳主孫皓要求，「十五六歲簡閱」；南北朝時北齊要求年十四歲以上，二十歲以下；明太祖朱元璋時則要求十五歲以上，二十歲以下，最小不能低於十三歲。

中國的男人都有處女情結

中國男人似乎都有一種處女情結，這就是過去常說的「老牛吃嫩草」性心理。一般說來，十三歲以上是女孩子月經初潮前後，正是花季年齡，這個年齡段的女孩符合皇帝的心態。

但也有把採選女孩的年齡下限定在十一歲的，明世宗朱厚熜便幹過這種事情。雖有朱元璋的「十五歲以上」祖令限制，但是變態的朱厚熜根本不考慮。《明會要》記載，明穆宗朱載垕在隆慶三年（西元 1569 年）便選三百名十三歲至十六歲民間淑女進宮，這還算正常的。朱載垕的前任、明世宗朱厚熜則徵選十一歲至十六歲淑女入宮，而且選過多次。據說，朱厚熜是聽信道士之言，目的是採女孩初潮時經血煉製壯陽丹服用。有的女孩未到自然來月經的時候，便施催經術，強行採經血。

需要說明的是，採選宮妃是大面積的。但具體到個別的現象，年齡則不必考慮。只要有姿色的，皇帝看上的，連寡婦都可選入後宮。如對接收、籍沒而來的宮妃，就不會有年齡的限制，「情人眼裏出西施」，只要皇帝喜歡就行。

## 正式進宮前進行「全面體檢」

很顯然，採選時對女孩的年齡要求，僅是最基本的條件，但不是主要條件。容貌和人品才是評判的兩個主要尺度。容貌指的是生理條件，而人品則是主觀的東西。通常情況下，皇帝對妃子的生理條件特別在意。

皇帝的妃子進宮要不要體檢？答案當然是肯定的。

東漢光武帝劉秀當政時，派朝中大臣下去幫他物色後宮。《後漢書‧皇后紀》（卷10）記載：

> （劉秀）遣中大夫與掖庭丞及相工，於洛陽鄉中閱視良家童女，年十三以上，二十以下，姿色端麗，合法相者，載還後宮，擇視可否，乃用登御。

這裏的「擇視可否」，就包含體檢程序。當時，凡是被相中的女孩都是有姿色的，最後統統用車子拖到後宮裏進行挑選。挑選後，還要再來一番擇選，主要進行生理檢查，看其是否是處女，生理上是否有缺陷，挑出最最漂亮的女孩供皇帝御幸。

體檢要不要脫衣服？答案當然也是肯定的。裸體檢查要檢查哪些方面？從史料記載來看，乳房的大小，對稱情況應該是一個常規專案，而陰道的形狀、陰毛的濃淡、腋毛的多少，肛門是否有痔瘡，也是不可忽視的環節。古代男人認為，腋下無毛或少毛的女孩是上品，這樣的女孩最受寵。而如果生有痔瘡，肯定是要被淘汰的。

或許有讀者會問，負責體檢的是不是太監？是的，是有經驗的女太監，即宮中女官。

## 漢桓帝皇后「裸檢」經過

《漢雜事秘辛》是一本描寫漢代宮闈秘史的古人筆記，書中記錄了東漢桓帝劉志皇后梁瑩當初進宮時的「裸檢」情況。雖然有人考證是明人楊慎偽託漢人所作，但還是有一定價值的，茲抄錄如下——

建和元年四月丁亥，保林吳姁以丙戌詔書下中常侍超曰：「朕聞河洲窈窕，明辟思服，擇賢作儷，隆代所先。故大將軍乘氏忠侯商所遺少女，有貞靜之德，流聞禁掖。其與姁並詣商第，周視動止，審悉幽隱，其毋諱匿，朕將采焉。」

姁即與超以詔書趨詣商第，第內。食時，商女女瑩從中閣細步到寢，與超如詔書周視動止俱合法相。超留外舍，姁以詔書如瑩燕處，屏斥接侍，閉中閤子。

時日晷薄辰，穿照蜃窗；光送著瑩面上，如朝霞和雪豔射，不能正視。目波澄鮮，眉嫵連卷，朱口皓齒，修耳懸鼻，輔靨頤頷，位置均適。

姁尋脫瑩步搖，伸髻度髮，如黝髹可鑒。圍手八盤，墜地加半握。已乞緩私小結束，瑩面發赬，抵攔。

姁告瑩曰：「官家重禮，借見朽落，緩此結束，當加鞠翟耳！」

瑩泣數行下，閉目轉面內向。姁為手緩，捧著日光，芳氣噴襲，肌理膩潔，拊不留手。規前方後，築脂刻玉。胸乳菽發，臍容半寸許珠，私處墳起。為展兩股，陰溝渥丹，火齊欲吐。此守禮謹嚴處女也！約略瑩體，血足榮膚，膚足飾肉，肉足冒骨。長短合度，自顛至底，長七尺一寸；肩廣一尺六寸，臀視肩廣減三寸；自肩至指，長各二尺七寸，指去掌四寸，肖十竹萌削也。髀至足長三尺二寸，足長八寸；脛跗豐妍，底平指斂，約縑迫襪，收束微如禁中，久之不得音響。

姁令推謝皇帝萬年，瑩乃徐拜稱皇帝萬年，若微風振簫，幽鳴可聽。不痔不瘍，無黑子創陷及口鼻腋私足諸過。臣妾姁女賤愚憨，言不宣心，書不符見，謹秘緘昧死以聞。

雍容華貴的後宮女子

上面這段文字的大概意思是，劉志聽說大將軍梁商的女兒梁瑩人長得漂亮，品行也好，便欲納其為皇后。劉志派女官吳姁來到梁府瞭解情況，觀察梁瑩的走路姿勢。後來要求對梁瑩進行裸檢，梁瑩起初不肯，吳姁拿出了皇帝的聖旨，才同意。吳姁到她的閨房內，把門關死，將梁瑩脫得一絲不掛。

吳姁先讓她裸體搖步走，再讓她掀起自己的秀髮，露出耳根。接下來，吳姁又摸了她的身子，一對乳房不大不小。又檢視了她的肚臍眼、陰部、肛門，證實是處女，未生痔瘡。最後還不忘檢查她的嗓子，讓她喊「皇帝萬年」，以檢查聲帶。當時，梁瑩讓吳姁體檢得面紅耳赤，不時用手遮擋私處。

這種裸檢與現代選美決賽前的「內部過場」有相似的地方。不同的是，現代選美不要脫光，著比基尼三角褲即暴露無遺，避免了一絲不掛的尷尬。

## 明熹宗朱由校選妃子秘聞

「裸檢」是皇家秘密，作為一種制度，一直存在於各朝宮妃採選過程之中。《漢雜事秘辛》所記未必是東漢時宮妃選拔的實情，紀曉嵐筆下卻彌補了一份遺憾。

在楊慎所處的明代，女子入宮前體檢也極其嚴格，甚至

韓熙載夜宴圖

到了苛刻的地步，連一根體毛都要看仔細。清代文人紀曉嵐所著的《明懿安皇后外傳》中，詳細記下了明熹宗朱由校選妃子的全過程。

張嫣是河南祥符縣人，天啟元年，朱由校十六歲，到了大婚的年齡。明朝皇帝十六歲大婚，這也是明太祖朱元璋定下的規矩。當時，由司禮監秉筆劉克敬任總管婚事，先期在國內挑選出了一批年齡在十三歲至十六歲的女孩。官方當時發了路費，讓她們的父母親自陪送到京城備選，於當年的正月集合。

當時送達京城的女孩有五千人，張嫣也在其中。

初選時，僅從外表上大概檢查了一下，由太監負責。一百名一組，按年齡大小站好。太監從她們面前走過，高一點的，矮一點的，胖一點的，瘦一點的，全都不要，這樣被刷去了一千人。

第二天，進行五官檢查，仍由太監負責。與頭一天那樣，百名一組站好，細看每一女孩的耳、眼、嘴、鼻、頭髮、皮膚、腰圍、肩寬等，有一地方不合格者，哪怕身上長顆黑痣，都要淘汰。又讓女孩報家門，聽其聲音如何，是不是結巴子。這樣，又刷去了兩千人。

第三天，借用工具測量身體是否符合比例，看其氣質如何。凡是手腕粗短的，腳趾肥大的，舉止輕浮的，都不能過關。這樣，再被刷去一千人。

第四步——「裸檢」。餘下的一千名女孩全部召入宮中，以備後宮之選。由年老的女宦官帶到密室，摁摁乳房，查看長得挺不挺；聞聞腋下，有沒有狐臭。最後摸遍全身，試試長得是否發達。這樣，又刷去了七百人。

第五步，長期觀察，重在性情。三百名精選下來的女孩留在宮中生活一個月，以觀察其生活習性、說話態度、智力高低、人品如何。前面的四道程序重在觀察「體」，這一關重在「德」和「智」。選出了德、智、體全都優秀的女孩五十名，最後全部當上了朱由校的妃子。

由五千人，最後選出了五十人，這麼算來，正是俗話說的「百裏挑一」。有明一朝，估計都是採用如此「淘汰法」，選出宮妃的。

## 皇帝選妃並非皇帝說了算

朱由校的妃子選出來了，程序並沒有結束，還要從五十人中挑選出一位天下女人的表率，中宮娘娘——皇后。

挑選皇后也費了一番周折，太監和司禮監秉筆是無權決定的。於是請出剛攝太后寶座的先帝寵妃昭妃出來「面試」這五十人。昭妃逐一面談，並要她們寫字、算數、吟詩、作畫，以測試她們的文化素質。最後精選出了張嫣、王氏及段氏三人。

昭妃再對三人進行體檢。她命有經驗的女宦官再次帶三人到密室中，按前面說的方法觀察，把所見報告給昭妃。

當時宮官報給昭妃有關張嫣的情況是：

是時，后年十五，厥體頎秀而豐整，面如觀音，色若朝霞映雪，又如芙蓉出水；鬢如春雲，眼如秋波，口

妃子浴嬰圖

第一篇 深宮私情解密

若朱櫻，鼻如懸膽，皓齒細潔，上下三十有八，豐頤廣顙，倩輔宜人；領白而長，肩圓而正，背厚而平；行步如青雲之出遠岫，吐音如流水之滴幽泉；不痔不瘍，無黑子創陷諸病。

昭妃把體檢情況如實告訴了朱由校。朱由校重新召見張嫣、王氏及段氏三人到自己的住處。當時朱由校的乳母客氏也在場，客氏年已三十歲，卻打扮得十分嬌豔。朱由校被迷惑，封她為「奉聖夫人」。客氏發現，朱由校心儀張嫣，便皺起了眉頭說，張嫣才十五歲便長得這麼豐滿，將來大了，身材會發胖，沒有風情。客氏認為王氏不錯，婀娜多姿。

朱由校對客氏尊重，不好意思當面反駁，便請光廟趙選侍決斷。趙選侍知道朱由校的意思，稱：「三人皆姝豔絕倫，古之昭君、玉環不能過。若論端正有福，貞潔不佻，則張氏女尤其上也。」最後，定下張嫣為皇后，封王氏為良妃，段氏為純妃。

張嫣後來果然是位母儀天下的女人。朱由校死後守寡，新皇帝朱由檢的後宮總管、內侍（大太監）陳德潤欲與張嫣結為「對食」（夫妻），遭張嚴辭拒絕。朱由檢知道後，發配陳德潤到南京孝陵種菜，真的成了「菜戶」。李自成攻陷京城後，張嫣自縊殉國。

當然，對嬪妃體檢的具體標準和要求，還可能因為皇帝個人的喜好而改變，但有一點是，宮妃的採選並不是皇帝說了算，皇帝只是「消費者」。

# 給皇帝當老婆是職業行為

古代中國長期流行一妻多妾制，普通家庭，也會有「大老婆」、「小老婆」之分，皇帝的後宮就甭說了，有明顯的等級制度。《禮記》中所謂的后、夫人、嬪、世婦、御妻，即是西周時周天子後宮內對不同等級宮妃的稱呼。

皇帝的宮妃都是有明確分工的，並不是僅陪皇帝睡覺，給皇帝當老婆還是一種職業行為。

## 皇帝的後宮「定人定崗」

秦國的後宮制度是中國封建皇帝後宮之表。史載，秦王后宮中最高級別是王后，等同於後來的皇后。「次稱夫人，又有美人、良人、八子、七子、長使之號」。嬴政建立秦帝國後，中國帝王的後宮規模開始擴大，與政體相對應，建制也越來越完善。

漢承秦制，又增設了不少稱號。至漢武帝時，共分為十四個等級，增設了婕妤、婭娥、傛華、元使；至漢元帝又新置了昭儀。後代還有不少稱號，但總的來說未超過十四等級。

《北史・后妃傳》（卷 13）上詳細列出了北魏皇帝後宮設置情況，雖然這是個短命的小朝廷，但後宮建制齊全，代表了古代帝王後宮的全貌。從中發現，每一名宮妃都有相應的稱呼，「定人定崗」，也可以說成是「因人設崗」。

全錄如下，供閱讀參考——

內命婦依古制有三夫人、九嬪、二十七世婦、八十一御女。又准漢制置昭儀，有左右二人，比丞相。其弘德、正德、崇德為三夫人，比三公。光猷、昭訓、隆徽為上嬪，比三卿。宣徽、凝暉、宣明、順華、凝華、光訓為下嬪、比六卿。正華、令側、修訓、曜儀、明淑、芳華、敬婉、昭華、光正、昭寧、貞範、弘徽、和德、弘猷、茂光、明信、靜訓、曜德、廣訓、暉範、敬訓、芳猷、婉華、明範、豔儀、暉則、敬信為二十七世婦，比從三品。穆光、茂德、貞懿、曜光、貞凝、光範、令儀、內范、穆閨、婉德、明婉、豔婉、妙范、暉章、敬茂、靜肅、瓊章、穆華、慎儀、妙儀、明懿、崇明、麗則、婉儀、彭媛、修閑、修靜、弘慎、豔光、漪容、徽淑、秀儀、芳婉、貞慎、明豔、貞穆、修范、肅容、茂儀、英淑、弘豔、正信、凝婉、英範、懷順、修媛、良則、瑤章、訓成、潤儀、寧訓、淑懿、柔則、穆儀、修禮、昭慎、貞媛、肅閨、敬順、柔華、昭順、敬寧、明訓、弘儀、崇敬、修敬、承閑、昭容、麗儀、閑華、思柔、媛光、懷德、良媛、淑猗、茂範、良信、豔華、徽娥、肅儀、妙則為八十一御女，比正四品。

北魏自開國皇帝拓拔珪「始立中宮」，但「餘妾或稱夫人，多少無限」。因各個皇帝的性慾強弱不同、好色程度有別，人數或多或少，如「武成好內，並具其員，自外又置才人、采女，以為散號。」

## 漢最低級宮女可養活十四口人

為何後宮等級要設置得那麼詳細，詳細到每個人？原因是，給皇帝當老婆是一種「職業行為」，每年她們還會有俸祿（年薪制），也有的按月拿薪水（月薪制）。

既然「發工資」，就要講等級，「工齡」、各妃的受寵程序、貢獻大小就有講究，不可能人人都是一樣的，因此後宮比較朝臣的設置，定出不同官品的宮妃，領不同的俸祿。

明孝靖皇后畫像

從北魏皇帝後宮的設置情況來看，北魏仿漢制，設左右昭儀，官品相當於當時的丞相；三夫人，則位比三公。上嬪比三卿，下嬪比六卿；依次類推，「二十七世婦，比從三品」、「八十一御女，比正四品」。

以漢朝公職人員的薪酬

制度為例：

丞相居百官之首，俸祿最高，幫佐天子，助理萬機，俸祿最高「金印紫綬，秩俸萬石」。後宮昭儀等同丞相，但實際上，昭儀拿的年俸並沒有丞相多，為四千兩百斛。

中國古代常用的計量單位有龠、合、升、斗、斛等，「石」與「斛」，是古代同一級別計量單位的不同叫法。十斗為一斛（石）。據《漢書．律曆志》（卷21）記載，漢時「二十四銖為兩。十六兩為斤。三十斤為鈞。四鈞為石。」

這麼說來，一石為當時的一百二十斤，昭儀的四千兩百斛，則相當於五十萬四千漢斤。但各個朝代「斤」的具體重量並不相同，與現代的「斤」也不一致。宋代科學家沈括在《夢溪筆談．辯證一》（卷3）中有記錄，「今人（宋朝人）乃以粳米一斛之重為一石。凡石者，以九十二斤半為法，乃漢秤三百四十一斤也。」

宋代一斤相當於現代一點二八市斤，則宋時一石九二點五宋斤，相當於現代一百一十八斤四兩。如果漢代昭儀的年俸放在宋代，就是四十九萬六千四百四十斤。但漢斤僅約等於零點二七宋斤，約等於現代零點三四市斤，漢昭儀的實際年俸折合現代十七萬四千一百八十二市斤。

不過，現代有學者考證，秦漢時的一石稻穀，僅合現代二十七斤；但就照這標準算，漢昭儀的年俸也達到了十一萬三千四百斤，相當可觀。

漢代最低一級的宮女保林的年俸也有一百九十二斛，相當於現代五千一百八十四斤，這份薪水也很高了，以人均一天一斤糧來算，一個宮女一年便可以養活十四口人。而昭儀一年則可養活三百一十口人。

## 皇帝還會給宮妃發「獎金」

年俸是宮妃們的正常「工資」，早期是實物供給制，發給稻穀、生活用品。唐以後，特別是明清時期，則多以貨幣形式支付為主，發金子、銀子，即所謂「發元寶」。

在清朝，後宮日常開支統稱為「內廷經費」。從脂粉錢這類化妝品開支，到冬天取暖買炭的「烤火費」，都一一列明、配給。

據乾隆七年編纂的《國朝宮史》記載，清朝後宮的年俸分九等，分別是皇太后、皇后、皇貴妃、貴妃、妃、嬪、貴人、常在、答應。皇太后的年俸最高，每年黃金二十兩、銀二千兩。

餘下相應的是，皇后銀一千兩、皇貴妃銀八百兩、貴妃銀六百兩、妃銀三百兩、嬪二百兩、貴人一百兩、常在五十兩、答應三十兩。處於不同等級的宮妃，年俸的差別很大，這也是歷朝都存在的現象。

清妃的年俸除了銀子以外，她們還能得到大量的包括綢緞、貂皮等在內的貴重物品。以「妃」為例，除三百兩銀子的年俸外，每年還能得到——

蟒緞 1 匹、織金 1 匹、妝緞 1 匹、倭緞 2 匹、閃緞 1 匹、金字緞 1 匹、雲緞 4 匹、衣素緞 2 匹、藍素緞 1 匹、帽緞 1 匹、彭緞 3 匹、宮紬 1 匹、潞紬 2 匹、紗 4 匹、裏紗 5 匹、綾 5 匹、紡絲 5 匹、杭細 5 匹、棉納 5 匹、高麗布 5 匹、三線布 2 匹、毛青布 10 匹、深藍布 10 匹、粗布 3 匹、金線 10 絡、絨 5 斤、棉線 3 斤、木棉 20 斤、裏貂皮 10、烏拉貂皮 20。

逢年過節、產子、祭祀、生日等特殊日子，還有另外的「例錢」收入。如在北宋時便有「節料錢」，即遇到節日時發給的費用，這就是例錢的一種。

在清朝，宮妃們過生日時都會得到禮物。如皇后的生日，皇帝會「恩賜金九十兩、銀九百兩、上用緞紗等四十五匹、蟒緞九匹、緞九匹、寧綢九匹、宮綢九匹、紗九匹、春綢九匹、綾九匹」。

生孩子、孩子滿月，皇帝也都會發紅包：「恩賜皇后銀一千兩、幣三百端；皇貴妃銀五百兩、幣二百端；貴妃銀四百兩、幣一百端；妃銀三百兩、幣七十端；嬪銀二百兩、幣四十端；貴人銀一百兩、幣二十端；常在銀一百兩、幣二十端；

答應銀五十兩、幣十端。」

平常每月也會發給「零花錢」，有時陪得皇帝開心，還會獲得額外的獎金性質的「紅包」，如上好的衣料、珠寶，這些額外的收入，統稱「賜俸」。

## 清皇太后每天供給一頭豬

因為有年俸，皇宮的開支很大。但相比起來，年俸、賜俸還不算最大的開支，眾多嬪妃的日常生活費、房間用品配置，才是開支的重頭。

《國朝宮史》記載，在清朝，「妃」的房間杯盤碗這類配置超過三十種——

> 銀茶甌蓋 1、銀匙 1、銀鑲牙箸 1 雙、銀茶壺 1、銀銚 1、銀束小刀 1、銅蠟簽 4、銅剪燭罐 1 副、銅簽盤 4、銅舀 1、銅簸箕 1、錫茶碗蓋 2、錫茶壺 4、錫銚 3、錫火壺 3、錫坐壺 2、錫噴壺 1、錫唾盂 2、鍍金鐵雲包角桌 1、鍍銀鐵鑷 1、黃地綠龍瓷盤 2、各色磁瓷 20、黃地綠龍瓷碟 4、各色瓷碟 8、黃地綠龍瓷碗 4、各色瓷碗 30、黃地綠龍瓷鐘 2、各色瓷鐘 12、瓷缸 1、漆盒 2、漆茶盤 2、羊角手把燈 1。

這其中並不包括奢華的床上用品。每天的食物配置也花樣繁多——

豬肉9斤、陳粳米1升3，合5勺、白麵3斤8兩、白糖3兩、核桃仁1兩、曬乾棗1兩6錢、香油6兩、豆腐1斤8兩、粉鍋渣8兩、甜醬6兩5錢、醋2兩5錢、鮮菜10斤、茄子8個、黃瓜8條、白蠟2枝（各重1兩5錢）、黃蠟2枝（各重1兩5錢）、羊油蠟2枝（各重1兩5錢）、紅籮炭（夏5斤，冬10斤）、黑炭（夏25斤，冬40斤）、雞鴨共10隻（每月）、羊肉15盤（每月）、六安茶葉14兩（每月）、天池茶葉8兩（每月）。

一個妃子一天僅豬肉就要供給九斤，如果是更高級別的，如貴妃、皇貴妃、皇后、皇太后，每一級費用都要翻倍，皇太后每天要供應一頭豬。最低級別的答應，每天還要供豬肉一斤八兩。可見，

慈禧太后出行

供養一名妃子每年要花多少錢。

但相對來說，清後宮的開支並不算大，清妃每天吃的也並不怎麼精細，葷菜以豬肉為主。如果往前推，有的朝代就驚人了。隋煬帝有一次下揚州時，隨同宮人多達十萬，每人一元一天，還要十萬元生活費呢。

## 明宮妃化妝品年費銀四十萬兩

上面說的是嬪妃的薪水，服侍她們的太監、侍女的開支都還未說。如清朝，七品級的太監月俸在四至五兩銀子之間，以三千名太監來說，每月發給太監的工資超過一萬兩銀子。

由於後宮俸祿是一筆龐大的開支和經濟負擔，所以要進行後宮「立法」，以達到少支出的目的。據《國朝宮史》反映，明代後宮開支巨大，「有明之季，脂粉錢歲至四十萬兩，內用薪炭，巧立名色，靡費更甚」。明代後宮僅化妝品的費用，每年就要花去四十萬銀子，可想其他開支了。

古人化妝圖

有鑒於此，清朝

皇家制定了一套嚴格的後宮經費使用制度，「我聖祖仁皇帝鑒往規來，禁浮返樸，垂為誡諭，家法昭然」。

以前國力強盛年代，後宮規模可能很大，如唐玄宗宮妃有四萬人，有條件養活那麼多老婆嘛。

實際上，即便在唐玄宗時代，後宮開支也讓他感到沉重。唐玄宗是怎麼養活那麼多宮妃的？首先是國家財政支出，再是建自己的「小金庫」，讓太監、爪牙下去搜刮民財，明朝中後期的皇帝也這麼幹過。

《舊唐書・食貨志》（卷48）記載，為了養活後宮成群美妃，唐玄宗便想方設法搞錢，「開元中，有御史宇文融獻策，括籍外剩田」。就是檢查戶籍以外的隱瞞土地，結果僅此一項便多收稅幾百萬貫。有個叫王鉷的自薦要給唐玄宗查徵稅，王鉷搞錢有方，每年「進錢百億」，實際都是變相剝削來的。搜刮來的這麼多錢到哪去了，史稱，「供人主宴私賞賜之用」，這裏的「人主」就是唐玄宗，搜刮來的巨額款項，全讓他花在後宮上了。

需要說明的是，各個朝代後宮的年俸不盡相同，並非哪一朝的妃子都有這麼高的待遇。如東漢劉秀當皇帝時，天下剛定，財政欠豐，後宮的俸祿就可憐了。《東漢會要・內職》記載，只有皇后和貴人被授印封號，而美人、宮人、彩女等低級宮妃，並無地位和品級。有爵秩的貴人，年俸也不過數十斛稻穀。至於其他宮妃，僅是逢年過節時給點賜俸。

## 皇帝的妃子多了也養不起

國力下降、敗落時，後宮的規模就很小了——多了，皇帝也養不起啊。

宋時宮妃月俸很高，宋仁宗趙禎當皇帝時，宮人的月俸一度高達一萬兩千貫。寶元年間，西部邊境戰事吃緊，不斷受到西夏的侵擾，軍事調動頻繁，財政經費也同時吃緊，趙禎只好在後宮嬪妃身上摳錢用，養不起了。

《宋史·食貨志·會計》（卷 179）記載，當時天章閣侍講賈昌朝進言，江湖一帶每年運送到京城的糧食有六百餘萬石，三分之二用在軍餉，剩下的三分之一則被閒人消費了，商議節省開支。右司諫韓琦建議，要節約開支，先從皇宮開始，可見後宮嬪妃都是「閒人」。

有的朝代，皇帝還會打白條，拖欠薪水，給的是「口頭支票」。遇到國事危急時，還要捐款，給皇帝當老婆也是不容易的。

如趙禎，在軍費困難一直無法解決的情況下，只好接受諫議，削減後宮賞賜，「減皇后至宗室婦郊祠半賜，著為式；皇后、嬪御進奉乾元節回賜物皆減半，宗室、外命婦回賜權罷」。皇后、嬪妃每人捐助五個月的俸祿，彌補軍費不足。

有時遇到國家財政收入下降、年景不好，皇帝只好找個理由，比如陰陽失調，後宮陰氣太重，把宮妃釋放遣散。唐文宗太和年間，「出宮女千人」；宋仁宗時，「前後出宮人幾百人」。唐憲宗更乾脆，一下把自己的後宮放出兩百車人，讓她們出宮後隨便嫁人。

# 後宮女人「紅杏出牆」實錄

皇帝家裏妻妾成群，除了沒有性能力的小皇帝，皇帝們總體來說都是荒淫的。但他們對後宮女人防範卻是異常嚴格的，一旦發現不檢點，輕者削封罰俸，打入冷宮，重者被處酷刑「風流死」，下場淒慘。

但帝王家的女人是不是都能守身如玉，做個好女人？非也，女人也有七情六慾。但相對來說，皇家女人紅杏出牆更隱蔽，同時也因為身居特殊位置，外面一時也很難知曉。

## 第一個合法消費男色的女人

著名的女皇帝、唐高宗李治的皇后武則天，是中國後宮女人中最浪漫的一位。作為唐太宗李世民的妃子，武則天通過「出家」改變身分，再下嫁「兒子」李治，本來就是一樁錯亂的愛。在當了皇帝後，武則天男寵多多，薛懷義（馮小寶）、張易之、張昌宗、沈南謬，這些據說陽具超比例粗大、且精力過人的美男、猛男，先後上了這

後宮佳麗

位女皇帝的香榻。

武則天到底消費過多少「男色」？史書上並無確切記載，這種事情是不能上典章的，但她以國家權力，讓男色消費合法化，卻是真實的，開創了皇家先例，建立了中國古代第一個也是唯一一個「男後宮體系」。換句話說，武則天是中國古代第一個合法消費男色的女人。

男皇後宮佳麗三千，女皇的闈中密男也不會少。除了薛懷義這樣專職的供其享受的男妃外，還有「兼職」的朝臣、近侍，如柳良賓、侯祥雲等，也都曾是武則天的面首。據說，有不少處男因在床上表現欠佳，不能讓女皇帝滿意、滿足，都讓武則天處死，神秘「消失」了，以致於有了武則天「洎乎晚節，穢亂春宮」的史界定論。

## 武則天選「男妃」秘聞種種

武則天消費男色的手段與男皇選妃子一樣——「採選」，派專人給她物色可意男人。《舊唐書．張行成傳》（卷 82）中透露了這個秘密，「天后令選美少年為左右奉宸供奉」，但此舉遭意識傳統的朝臣諫反。

其中有這麼兩位「女選官」表現出色，其一是太平公主。太平公主可不是別人，乃武則天的親生女兒。薛懷義、張易之、張昌宗等就是太平公主自己先「試用」，感覺滿意之

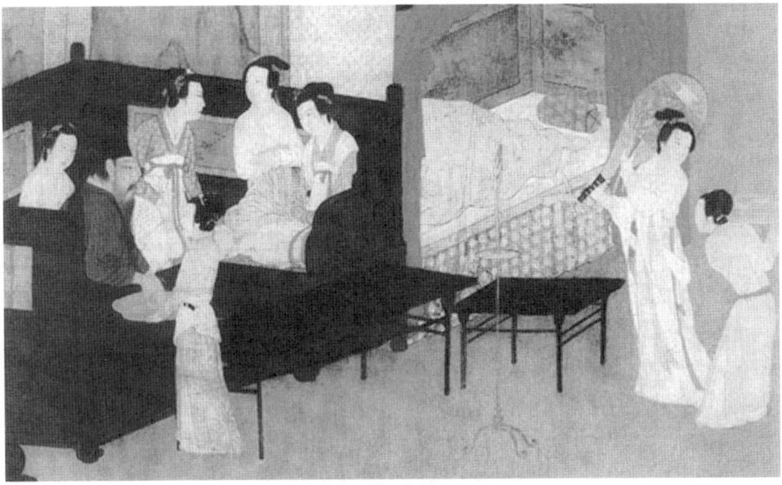

古代後宮奢侈的夜生活

後，才送給母親的，合演了一齣中國歷史上「母女共夫」的風流。

另一著名的「女選官」是上官婉兒。上官婉兒時為宮中女官，後成為中宗李顯的宮妃，受封「婕妤」。李顯是武則天的兒子，上官婉兒就是武則天的兒媳婦了。兒媳婦給婆婆物色面首，可稱古今女人男色消費現象中的又一奇絕豔聞。

武則天選男寵還有一套心經，據說她從男子的外表特徵上便可看出其性能力之高低，如果男子的鼻大梁直，其陽具亦頗雄壯，長得粗長，床上功夫自然不會太糟糕。

除了「選拔」外，武則天的男寵還有「推薦上崗」。

推薦有自薦和他薦兩種方式，在武則天的男色消費過程中，兩種方式的「薦」都存在，說白了都是「拉皮條」。如男寵之一侯祥雲，便是自薦上了武則天的床，《舊唐書·張昌宗傳》（卷 82）記載，「左監門衛長史侯祥雲陽道壯偉，過於薛懷義，專欲自進堪奉宸內供奉」。

另外還有父親推薦兒子的，這是「他薦」的一種。如柳良賓便是他父親推薦的——「上舍奉御柳模自言子良賓潔白，美鬚眉」，此無異於「拉皮條」。

## 愛上男人生殖器的女人

說到「他薦」，不能不提一個人——嫪毐。嫪毐是中國歷史上第一位皇帝嬴政母親趙姬的情人，也是中國歷史上最早有確切文字記載的有特異性功能的男人。

《史記·呂不韋傳》（卷 85）對嫪毐被推薦經過有較詳細的記載：

> 始皇帝益壯，太后淫不止。呂不韋恐覺禍及己，乃私求大陰人嫪毐以為舍人，時縱倡樂，使嫪以其陰關桐輪而行，令太后聞之，以啖太后。太后聞，果欲私得之。呂不韋乃進嫪毐，詐令人以腐罪告之。不韋又陰謂太后曰：「可事詐腐，則得給事中。」太后乃陰厚賜主腐者吏，詐論之，拔其鬚眉為宦者，遂得侍太后。太后私與通，絕愛之。

這段話的關鍵意思是，嫪毐的陰莖很厲害，勃起後可以把車輪轉動起來。一直與太后有染，私通在前的呂不韋看到嬴政慢慢長大了，而太后性慾卻不見減退，心裏害怕，擔心如此下去東窗事發，便暗暗地把奇男嫪毐招到家裏，打算推薦給太后。太后聽說後果然淫興頓起，心中大樂，恨不得一下弄到身邊，呂不韋乘機把嫪毐推到了太后的床上。

但一個健全的大男人是不能擅自進入後宮的，呂不韋出了一個餿主意，給嫪毐做了假割生殖器的「腐刑」，成為太監，便可堂皇地出入後宮了，這也是嫪毐是宦官一說的由來，實際他一天太監也未做。

太后也暗中買通主刑的小官吏，僅把嫪毐的小鬍子拔光了事，以掩人耳目。有人認為，也許趙姬真的愛上了嫪毐，正確地說，應該是趙姬愛上了嫪毐的生殖器。

嫪毐能上始皇帝老娘的床，並將她肚子搞大，給嬴政生了兩位同母異父的弟弟，顯然是呂不韋有意推薦的結果。醜事敗露後，嫪毐受了車裂之刑，秦始皇用四輛馬車，拴著他的四肢，將其分屍，趙姬所生的兩個「小雜種」也遭秦始皇捕殺，這是後話。

## 與「保健醫生」通姦的皇后

「選拔」和「推薦」，是古代有權有勢女人實現男色消費的兩種途徑，還有一種方式是「偷」。

這裏的「偷」與一般的偷有所不同，也與《西廂記》中崔鶯鶯悄悄翻牆頭與張生約會的「偷」有別。古代男人的經驗之談，稱妻不如妾，妾不如妓，妓不如偷。這裏的「偷」是勾引，上層女人的「偷」明顯不同，簡直是變相搶男人。

「偷」最拿手的女人，當是晉惠帝司馬衷的皇后賈南風。司馬衷為晉武帝司馬炎的次子，天生一個弱智。但癡人有癡福，司馬衷有天子命，九歲即被冊立為皇位繼承人，成為中國歷史上最蠢的一位皇太子。

司馬衷蠢，皇后不蠢，司馬衷能當上皇帝就是賈南風這個女人的功勞。但蠢丈夫遇到聰明的妻子是幸，也是不幸。賈南風有手腕讓丈夫當皇帝，也有辦法讓自己「性福」一生。賈南風生育不行，卻生性風流，性慾濃烈得怕人。

弱智的司馬衷難解風情，夫妻生活過得相當無趣。這種情況下，多情多慾的女人該怎麼辦？給牆外的男人送媚眼啊，即所謂紅杏出牆！但賈南風的媚眼卻沒有男人願意接受，也不敢接。因為她長得太難看了，是中國歷史上「經典

《虢國夫人遊春圖》（唐 張萱）

醜女人」之一。

賈南風如何醜？借用她公爹晉武帝語，「醜而短黑」。換成今天的話來說，就是身矮腰粗，又黑又醜。而且，賈家門風不好，妒賢忌能，人丁不旺。賈氏比司馬衷大兩歲，還是「姊弟配」，成婚那年，賈南風十七歲，司馬衷十五歲。據《晉書・惠賈皇后傳》（卷31）記載，晉武帝當時並不同意這門親事，無奈皇后喜歡。

成了太子妃後，賈南風醋意大發，容不得別的女人沾染司馬衷。司馬衷喜歡上哪個女人，那個女人就招災。賈南風自己不能生育，自然見不得別人懷龍種，發現便施變態之刑：「妃性酷虐，嘗手殺數人。或以戟擲孕妾，子隨刃墮地」。

當上皇后後，賈南風膽子更大了，妒與淫一起來，長期與她的「保健醫生」、太醫程據通姦，此即史書所記載的賈氏「亂彰內外」一說。「程醫生」長得高大威猛，善解女人意，頗得賈南風的歡心。但一個程據哪能滿足天天山珍海味女人的性飢渴？賈南風便開始「偷男人」。

## 發明「黑車」專運美男進宮

賈南風是如何「偷男人」的？史載，她常派後宮老婦幫她到大街上尋找獵物。一旦相中，老媽子便想方設法誘男子上專車，將之悄悄帶進宮裏，供賈氏「消費」。

這種專車有講究，四邊包裹嚴實，男子進了車廂內後，便將車簾拉下，並把車門鎖死，人坐在裏面黑乎乎的，什麼也看不見。當時坊間俗稱——「坐黑車」，後被引申為男人吃軟飯、以肉體陪侍女人的專用名詞。

「坐黑車」的下場是很可怕的。凡是坐了賈南風「黑車」的男子，一般都不可能活著回來。賈南風在玩夠之後，為防洩密，這些男人都會被她秘密處死。因為這個，京城附近帥哥失蹤事件驟增，搞得人心惶惶。

但有一個例外，一名在洛陽附近縣政府當捕盜的小頭目，不僅沒有被處死，還獲贈了大量的財物，只因他把賈南風服侍得很舒服，人又帥，賈氏才不忍心殺他。

由於小頭目得到的這筆意外之財非同尋常，乃宮中之物，惹出了大麻煩。當時，皇家安全人員懷疑那男人的東西是從宮中偷來的，便把他抓起來審問，他供述了情況，「聽者聞其形狀，知是賈后，慚笑而去，尉亦解意賈氏」，賈南風淫亂一事這才留下了一個活口。

此事並非源於野史，正史有記載。出處見《晉書‧惠賈皇后傳》：

洛南有盜尉部小吏，端麗美容止，既給廝役，忽有非常衣服，眾咸疑其竊盜，尉嫌而辯之。賈后疏親欲求盜物，往聽對辭。小吏云：先行逢一老嫗，說家有疾病，師卜云宜得城南少年厭之，欲暫相煩，必有重報。於是隨去，上車下帷，內簏箱中，行可十餘里，過六七門限，開簏箱，忽見樓闕好屋。問此是何處，云是天上，即以香湯見浴，好衣美食將入。見一婦人，年可三十五六，短形青黑色，眉後有疵。見留數夕，共寢歡宴。臨出贈此眾物。

## 第一個開口要面首的女人

在古代，上層女性男色消費還有一種途徑，就是「索要」。顧名思義，就是直接開口，向有權勢的男人要男子，南

宮樂圖（唐）

北朝時期宋廢帝劉子業的妹妹山陰公主便是通過這種手段實現的，成為這方面的第一人。

山陰公主名叫劉楚玉，和劉子業是親兄妹，嫁與駙馬都尉何戢。劉楚玉不僅濫淫，還亂倫，竟然與劉子業在宮中過起了夫妻生活，多日不回家。更有出格的事哩，她竟然公開提出置面首，即蓄養供她玩弄的男寵。

《宋書・前廢帝本紀》（卷7）有這樣的記載，「山陰公主淫恣過度，謂帝曰：『妾與陛下，雖男女有殊，俱托體先帝。陛下六宮萬數，而妾唯駙馬一人。事不均平，一何至此』。」

這句話的意思是，我與你雖然男女有別，但同是一個爹生的，你卻擁有六宮上萬女人，而我只有駙馬一個男人，這對我不公平。這劉子業亦昏，讓妹妹這麼一說，「乃為主置面首左右三十人」，一下子賞賜了三十個年輕貌美的男子給妹妹。據查，靠生殖器謀生男人的專稱「面首」一詞，就是這麼來的。

## 後宮女人當尼姑也不老實

老皇帝死後，新皇帝一般會讓被寵幸過的嬪妃出家為尼，在青燈下度過殘年餘生。如武則天，當年即被發送至長安感業寺，削髮為尼。新皇帝這樣安排，其實是古代後宮管理的手段之一。

但這些過慣了宮中生活的女人，如何能守得住身子？六慾難淨。武則天與李治重溫舊夢，一開始就是在感業寺內交歡的，後來才被召入宮。

北魏楊炫之撰著的《洛陽伽藍記》，記述了後宮女人進「瑤光寺」當尼姑後的情形：

> 瑤光寺，世宗宣武皇帝所立……椒房嬪御，學道之所，掖庭美人，並在其中。亦有名族處女，性愛道場，落髮辭親，來儀此寺，屏珍麗之飾，服修道之衣，投心八正，歸誠一乘。永安三年中，爾朱兆入洛陽，縱兵大掠，時有秀容胡騎數十人入瑤光寺淫穢。自此後頗獲譏訕。京師語曰：「洛陽男兒急作髻，瑤光寺尼奪作婿」。

瑤光寺是一座皇家寺院，孝文廢皇后馮氏、宣武皇后高氏、孝明皇后胡氏等後魏皇后，還有大量的妃嬪、貴婦人，都選擇在此寺出家。但瑤光寺後來卻成了「性愛道場」，這些上層女人雖然不乏自願者，但大多數是失寵女人或不幸的未亡人，不得不進入尼庵苦度餘生，但她們在寺內不會安分，生活相當奢侈，並不下於在宮中光景。由於沒有了後宮禮制的約束，這些有過性生活的女人當了尼姑後反而更為放縱，成為真正的浪女人。

這些貴族尼姑都有專人服侍，僕婢們的任務之一便是到外面給她們尋找「獵物」，在洛陽街頭尋找到猛男帥哥後，便偷偷送進寺內陪他們的女主人睡覺，供其淫樂。這倒與司馬衷皇后賈南風的所為差不多，區別是一個是為一個女人服務，一個為一群女人服務。

當時有幾十名兵匪聽說寺內尼姑淫蕩，竟然闖進去「找女人玩」。這些出家女人不守婦道，也忘記了「出家人不殺生」的僧道，男子被玩弄後都會被滅口。女人真的如老虎，能吃人了。當時，不斷有良家男子離奇失蹤的傳聞，有的人家擔心出事，只好把男孩打扮成女孩，「洛陽男兒急作髻，瑤光寺尼奪作婿」一說，就是這麼來的。

最後需要點出的是，與女色消費一樣，古代女人男色消費也有的是出於延年益壽的動機。像武則天那類老女人的男色消費，除了享樂，還希望從處男、壯漢們身上獲取精液，吸收陽氣，永保青春活力。但這種說法，更像玩男人的一個藉口！

# 皇帝如何防止宮妃遭性騷擾

皇帝的後宮是個女兒國，怎麼保證那麼多妃子守身如玉，不紅杏出牆，避免被性騷擾，的確是一個很現實的問題，更重要的是，此事關係皇家血統是否純正。也關係到自己是否被戴綠帽子的問題，當然更是一個講究技巧性的問題。

其實，解決這個問題的辦法很簡單，也很古老——把在後宮服務的男人的生殖器割了。再是使用女官。

## 清太祖諭旨閹割家奴

為了避免嬪妃「出牆」，被性騷擾，硬是把生理正常的男人的生殖器割去，人為造出了第三種性別——不男不女。這大概是中國古代男人的一大發明，也算是人類自身發展史上的一大怪事。但在過去，並沒有人會覺得奇怪！

皇宮裏那些過去被割去生殖器的男人，叫法不少，閹人、寺人、老公、中官、宦官、無根人等等，但最流行的說法是「太監」。這是唐高宗李治當皇帝時留下的，李治時改殿中省為中御府，啟用宦官充任太監、少監，「太監」一說由此而來。

把生殖器割掉，以防男人騷擾自己的宮妃，這是僅埋在皇帝心底裏的想法。但清太祖努爾哈赤卻把它說出來了，天命六年（西元 1621 年）七月初四那天，努爾哈赤下了一道諭旨，提醒諸王貝勒。大意是——

「你們家中所蓄養的家奴，應該趁他們年幼時就將他們閹割了，這樣他們的父母可以因此而獲得富貴。不然的話，這些家奴長大後，往往與府中的婦女私通，一旦事情洩露，就會被處死。所以，如果你們現在不忍心對他們施以閹割，從長遠來看，卻正是害了他們。」

努爾哈赤這段話記在《滿文老檔》（卷 4）裏。此段話大概也是古代帝王避免自己戴綠帽子，最公開的說法。

可能是吸取明朝宦官亂國的教訓，清朝對太監的管理極其嚴格。順治曾在交泰宮、內務府、慎刑司立「鐵牌」，明示太監不能干政、出京。宦官的品級不能逾四品。「鐵牌」明處是杜絕宦官干政，內裏則有意警告他們不要在後宮胡來。

實際上，真正把後宮弄髒的，恰恰是這些皇帝以為可靠的太監們。沒有生殖器，可以用假陰莖這類代用性工具啊。明武宗朱厚照當政的大太監劉瑾，使用代用性工具行樂，結果用力過猛、時間過長，竟然把一名宮女弄死在床上。

## 慈禧太后四十八歲懷孕傳聞

由於有努爾哈赤的「祖訓」，清朝後宮太監的人數比明朝少了許多，最多時也不過三千六百人，民間所謂「夠不夠，三千六」就是這意思，而明朝多時過萬。清宮實際使用人數還低於此數，有記錄的乾隆朝太監近三千人，嘉慶朝兩千六百三十八人，光緒朝一千九百八十九人，到清帝宣統退位時，宮內太監不足一千人。

雖然有「祖訓」，太監的勢力在清朝並未得到有效控制，慈禧太后垂簾聽政年代問題最多，安德海、李蓮英、小德張都曾官至二品。安德海還因暗出京城，被山東巡撫丁寶楨斬了首。

說到安德海、李蓮英、小德張，這三位清末當紅太監，又離不開宮妃「紅杏出牆」的話題。

慈禧太后本是咸豐皇帝的妃子——蘭貴人，後升為貴妃。咸豐死後，蘭貴人的兒子、六歲的載淳繼位，此即同治皇帝。此時，出生於一八三五年的慈禧太后年僅二十八歲，正是正常女人情慾最旺盛的年齡。她深陷後宮，為情所急。後來想到了身邊的太監，畢竟他們當過男人啊，安德海、李蓮英們受寵，便有這層原因。

清宮太監多多，臉蛋長得漂亮、身體雄壯的不少，慈禧為何獨鍾情安德海、李蓮英？據說是因為他們身上還有生殖器的根子，「淨身」並不徹底。據宮人回憶，平時慈禧與安德海在皇宮內成雙出入，儼然夫妻。他倆散步時，其他人只能不遠不近地跟著，靠近不得的。安德海最後被斬山東，與慈禧的放縱有直接關係。

安德海死後，慈禧一度情緒低落，這時李蓮英又出現了。有「佛見嘉」外號的李蓮英最拿手的絕活是給女人梳頭，年僅四十就戴假髮的慈禧「老佛爺」正需要這樣的太監。而更重要的是，李蓮英「淨身」也不徹底，據傳兩人經常談論、學習「養生之道」至深夜。

慈禧太后喜歡看戲，特別是淫戲。李蓮英深知慈禧太后的意思，時常會留下男戲子，帶到慈禧宮內「聽賞」，讓他到太后的床上「演戲」。

慈禧的緋聞不少，光緒八年，琉璃廠一位姓白的賣古董商幸於慈禧。在宮裏住了一個多月以後被放出來，介紹人就是李蓮英。據說慈禧因此懷孕，慈安太后知悉後召禮部大臣，問廢后之禮。事情洩密後，慈安當夜猝死，傳是被慈禧毒死的。

此事見清文廷式《聞塵偶記》，所記並不可信。光緒八年是西元一八八三年，時慈禧已四十八歲，這個年齡懷孕的可能性不大。但無風不起浪，慈禧淫亂民間一直有不同版本的傳聞，如李蓮英還曾給慈禧介紹過一個飯店的小夥計。

## 太監的生殖器會重新「發芽」

皇帝把男人的陰莖割了，本意是想斷絕後宮之亂，但麻煩往往就出在太監的身上。如果淨身不徹底，太監與普通男人並無多少區別，也會有性慾、性功能的。傳言慈禧與安德海、李蓮英「有一腿」，便是這麼回事情。

過去，男人淨身有兩種機構，一是官辦的，清朝的淨身機構是管理後宮事務的內務府下面的「慎刑司」；再是民間的「職業淨身所」。當然，也有家庭作坊式的。

淨身的風險很大，死亡率很高，只有百分之四十左右能活下來。不是走投無路，一般人家不會做這種「斷子絕孫」的事情。

清朝民間的「職業淨身所」頗專業，手術時痛苦和死亡率都較低，所以很有生意。清代光緒年間，京城有兩家比較出名，主人一叫「畢五」，一叫「小刀劉」，清宮中不少太監都「產自」這裏。因為輸送的太監品質好，管道穩定，兩位「刀兒客」還被賜授七品頂戴，成了縣級「淨身師」。

父母送孩子去淨身，還要給「刀兒客」支付五六兩銀子的「淨身費」。去勢前不吃不喝，得把屎、尿排淨。去勢時則將被淨者綁在「手術床」（有時就是門板做的）上。那時不會有麻醉藥，也有說會在生殖器上抹些麻醉神經的東西。動刀前有時會讓淨者喝點北京二鍋頭這樣的高度白酒，以麻痺一下神經；再是分散注意力，例如在其眼前懸一把刀，與其說話聊天，以吸引注意力。待其感覺到疼時，生殖器已讓割去了。

淨身時衛生條件很差，一刀子下去，血流如注，人一下便疼昏死過去了。「刀兒客」使用的刀子在火上烤一下，就算消毒了。而止血的方式則是將刀子烤紅，烙在刀口處，讓其結痂，或是敷上藥末（有時就是香灰）止血。然後抬到密封的小房子，在其身下鋪上一層草灰，吸收血水、失禁的尿液，一個月後傷口癒合才能出來。

術後要將一根細管（有時是大麥稈製成的）插進排尿管內，防止新肉長出堵塞尿道，不然會尿脹死。如果發現真的堵死了，還要再割一次，受二茬罪。有不少太監身上常有尿騷味，多是淨身手術做得不好，割得不到位，或是過頭了，導致小便失禁。

由於人體器官都有重新生長的可能，重新「發芽」。所以，即便入宮後當了太監，每年也要「體檢」一次，即所謂「驗淨」。一旦發現長出了，就要再割，杜絕「發芽」，以免禍患後宮。但有經驗有頭臉的太監往往會想辦法逃避「驗淨」，甚至使用秘方促進生殖器生長。

後宮佳麗（唐寅）

如在明代便出現太監吃童男腦子的傳聞。《萬曆獲野編・食人》（卷28）記載，「近日福建抽稅太監高采謬聽方士言：食小兒腦千餘，其陽道可復生如故。乃遍買童稚潛殺之。」所以，很難保證太監都是無根之人。

安德海、李蓮英、小德張都是圖慕財富，自己把自己給閹了。但因為是「自閹」的，便存在割不淨的可能性。當然，不排除陰莖是重新長出來的，或是買通慎刑司主管留下來的。

買通主管這事情史上是存在的。秦始皇母親趙姬的面首嫪毐，當初便是冒充太監進宮的，趙姬與呂不韋合謀，花錢打點一下「腐刑」的主管，僅將嫪毐小鬍子拔掉了事，而保留陰莖。

太監去勢除了上面所說的「割法」，還有如劁豬、牛一樣的「騸法」，僅剖開外腎（陰囊）去其睪丸，陰莖尚存，雖然不能勃起，但形狀還是存在的，性交時還可以「意思意思」。這樣的太監皇帝也不放心，明朝後便禁止這樣的閹人進入後宮。

## 皇帝竟然要求朝臣也閹割

皇宮是嚴禁其他男人擅入的，當然過夜留宿更是不可能（除當值太監一類人物）。皇帝不只防止外面男人進入，對自家男人管得也嚴。

在後宮中，能夠在裏面過夜的並不只是皇帝一個男人，還會有皇子。但皇子小時一般跟著母親住，一旦成年，立即驅出，住進自己的宮裏，或是到自己的封地去。留下的成年皇子只有一個接班人——皇太子，但也被嚴格限制在「東宮」，除非特召，平常不得越雷池半步。

此外，御醫、衛兵、特召大臣等，也可能進入後宮。這些人，也是皇帝盯防的對象。

如御醫，便很可怕，歷史上並不鮮見御醫與嬪妃通姦的現象。如晉惠帝司馬衷時的御醫程據，便長期與皇后賈南風保持不正當的男女關係，司馬衷是個又蠢又傻的皇帝，被自己的老婆騙過了。

嬪妃是皇帝的私有財產，連自己的老子、兄弟、兒子都不得覬覦的，朝臣當然更不例外了。中國歷史上有一個皇帝突發奇想，把當官的都閹了，不就安全了麼。而且，沒有了生殖器也會全心全意為皇家服務。

這個皇帝便是五代十國時期南漢後主劉繼興。南漢統轄今廣東、廣西一帶，始主劉岩本是唐清海節度使劉隱之弟。兄死弟繼，劉岩繼任節度使後乾脆稱帝當皇帝。劉繼興便是劉岩的孫子。

南漢的皇帝似乎都很荒唐，劉繼興的父親、中宗劉洪熙疑心病也很重，只相信太監宮妃，後因吞服丹藥中毒死亡，僅活了三十八歲。劉繼興繼位後有過之而無不及，「宦官治國」想法更強烈，想當官竟然要先閹割。

《新五代史·南漢世家》（卷65）記載，「至其群臣有欲用者，皆閹然後用。」意思是，以至於有想任用的人，都要先割去生殖器後才被使用。這大概是中國歷史上僅有的一件「騸人政治」醜聞了。

因為有這樣的「國策」，有想當官的男人便主動把自己的生殖器割掉，更多的男人則是迫不得已才這麼幹的。如考中功名的讀書人，想被起用，只有被閹。這種情況造成的後果很嚴重，南唐的官場滿眼都是太監，後來宋太祖趙匡胤的兵打過來，連個像樣的男人都找不到，只好束手被俘。

. 史書對這種「國策」出臺的前因作了交代，「至（劉繼興）尤愚，以謂群臣皆自有家室，顧子孫，不能盡忠，惟宦者親近可任」。但這絕不是「尤愚」（特別蠢）的問題，劉繼興是一個很荒淫的皇帝，他不應該不知道帶生殖器臣子上朝，對其後宮也是一個威脅。

## 女太監管不住後宮嬪妃

既然男人是威脅，甚至連安德海、李蓮英這樣的大太監都能弄亂後宮，起用女人來管理後宮，便是帝王們一個明智的選擇了。於是，在傳統的宦官制度下，又出現了女官制度——女太監。

現代的女子是「半邊天」，在古人則完全無地位可言，出

宋仁宗皇后像

來做官的更是鳳毛麟角。而獨在後宮內女人可以做官，這或許應該感謝帝王對男人的嚴防，不然根本輪不到女人當官的份兒。

女官，民間俗稱女太監，漢代有名的才女班昭、宋代女進士林妙玉、唐代女校書薛濤、明朝女能人萬貴兒，都曾是宮中女官。女官存在的歷史很長，記錄三千年前周代禮制的《周禮・天官》中，便有《女史》一節：「女史，掌王后之禮職。掌內治之貳，以詔后治內政，逆內宮，書內令」，周代共設女史八人。

漢代有女御長、宮長、中宮學事史等；唐代更完善，有尚宮、尚儀、尚服、尚食、尚寢、尚功等「六尚官」，還有司記、典記、掌記……女官超過兩百名；宋代有司宮令、六尚書、二十四司、司正、彤史等；明朝女官制度比唐宋還完備。

女官完全不同於宮妃，相貌不是主要的，進宮並不是給皇帝當妃的，初衷不與皇帝發生性關係。如明代，不少女官是從民間找來的年三十歲以上，四十歲以下的寡女。女官的任務很雜，有的掌管文印、記錄皇帝起居，性交情況、宮妃懷孕情況都要記下來；有的負責打掃衛生；有的則負責給皇帝傳授性技巧、給皇太子進行性啟蒙。當然，如果皇帝一時性起，看上了女官，性交也無不可，有的甚至成為皇妃。

明代皇后服裝

清代皇后服裝

但是女官再多，也管不了皇帝的後宮，宮妃不檢點的事情朝朝都有，女人的心是管不住的。朱元璋的後宮管理很嚴，哪怕是聽說哪位宮妃有問題都要處死，郭寧妃、李賢妃、葛麗妃都在捕風捉影後被處死，裝在一個柳條筐裏亂葬在野外。但朱元璋的後宮還是不時傳出宮妃與人有染的消息，其寵愛的胡妃便是在後宮下水道出現死嬰後被疑心病重的朱元璋活活杖殺，後來證實是冤死。

北魏時胡太后便強迫男人與自己私通。《梁書．楊華傳》（卷 39）記載，「華少有勇力，容貌雄偉，魏胡太后逼通之，華懼及禍，乃率其部曲來降。」胡太后苦戀楊華不能自拔，特作《楊白華歌辭》，「使宮人晝夜連臂蹋足歌之，辭甚淒惋焉」——

陽春二三月，楊柳齊作花。
春風一夜入閨闥，楊花飄蕩落南家。
含情出戶腳無力，拾得楊花淚沾臆。
春去秋來雙燕子，願銜楊花入窠裏。

宮妃做出如胡太后這般出格的行為，應該是完全可以理解的。那麼多女人，卻只有一個男人，當然滿足不了衣食無憂，生理正常女人的性慾，如果年輕守寡，那日子更難熬。後宮因此出現了不少女同性戀人。明世宗朱厚熜時，一名妃子空房孤寂，便讓兩名宮女假扮男裝，與床上嬉玩。恰巧讓朱皇帝撞見了，結果，兩名宮女立即遭杖殺。

有的人明知太監不管用，是個假男人，也願意與他碰成「對食」、「菜戶」，做一回夫妻。在明朝，這樣與太監「私通」的後宮女人不在少數。有一次，明成祖朱棣因此怒殺宮女，臨死前，一個宮女對著朱棣罵道——你自己陽痿，人家才與太監私通的，何罪之有?！

確實，要想後宮平安無事，少出黃色笑話，最好的辦法只有解放後宮，解放人性，僅靠嚴防死守是行不通的！

# 晚清「第一女人」如何過年

春節，是天下華人同慶的日子。

但過年時的講究也很多。在民間，過年時要說吉利話，如吃餃子時不能說是餃子，而要說是「元寶」，以討個吉利。有的地方還不讓潑汙水，要「聚財氣」，地上再髒也不掃，避免把財神掃走，祈願新年發財。

老百姓過年有禁忌，過去，帝王家過年規矩亦多。從晚清「第一女人」慈禧過年的故事中，可以看出帝王家春節期間的種種講究。

## 親自動手做糕餅

曾在宮裏服侍過慈禧太后的德齡公主（1886—1944），在隨丈夫定居美國後，用英文寫成了回憶錄《我在慈禧身邊的兩年》（《Two years in the forbidden city》），用專章講了宮裏過年的情況，對晚清「第一女人」慈禧過年的細節作了頗為詳細的紀錄。

大年三十前一星期，慈禧就開始「放假」了，不再處理國事。國印封置，直到來年再拿出來用。

從德齡的回憶中可以看出，貴為天尊、過慣衣來伸手飯來張口生活的慈禧，過年時會如普通家庭主婦那般，要親自動一動手，做糕餅就是一項。糕餅是備新年祭祀用的，慈禧顯得很虔誠，「第一塊糕餅要由太后親自來做」。

當慈禧說要開始做餅時，大家都跟她走進一間專為做餅而設的房裏。餅是將麵粉、糖和酵母混合起來，揉成麵團，然後再上鍋蒸，能跟麵包一樣發起來。誰做的餅發得最厚，誰就被認為是神最喜歡的，運氣一定最好。

慈禧做的餅發得最高，大家都向她祝賀，她自己也很高興。後來她又命身邊每人都做一個，結果大家做的都不如太后的好。

慈禧真是做得最好？不是，是宮妃、侍女有意做不好，討慈禧高興的。

## 帝王家也要「過祭灶」

秋庭觀繡（清 陳枚）

百姓人家的「祭灶」，宮裏也要過。

慈禧很看重過祭灶，偶爾還會和下人說個笑話。德齡回憶，「糖果預備好後，我們立刻將這些東西擺在專為敬灶神而設的桌子上。太后扭身對大廚說：『當心，灶神就要到天上報告一年中你偷了多少東西，馬上就要降罰於你的』。」

過年貼「福」字是百姓人家必不可少的內容，慈禧也挺當回事情的。慈禧還有一大愛好，喜歡寫「福」字送給大臣幕僚，這或許也是她籠絡人心的一種手段。

祭灶後第二天一大早，慈禧便會來到大殿，其時大張的紅黃綠各色紙早已預備好放在案上，她拿起一支大筆，在紙上書寫「壽」「福」字。一「福」值千金，能得到慈禧親手寫的字，自然是一份莫大的榮耀。但這些字卻不一定全是慈禧手寫的，德齡回憶，「寫累了，就讓宮妃或文書代寫」。

## 喜歡臣子送份年禮來

慈禧很喜歡過年，除了熱鬧外，還可收到很多貴重的年禮，這些後來都成了她的陪葬品。

一九二八年七月，軍閥孫殿英掘開慈禧的清東陵，盜得了大量的珍寶，極受慈禧青睞的大太監李蓮英嗣長子李成武，在其《愛月軒筆記》

《十景圖詠》乾隆作品欣賞

中對這些陪葬珍寶有詳盡的記述，對陪葬品的數量和價值都有說明。

光是置放在慈禧腳兩邊的翡翠西瓜，就值白銀二百二十萬兩。這麼多的珍寶不少來自她過壽和過年節時收受的禮物。

慈禧對送她的年禮很在乎，會一件件看，喜歡的就留下來用，不用的就鎖進庫內，也許再不去看上一眼了。這些禮物包括細小的用品、珠寶、綢緞，甚至還有衣服，應有盡有。慈禧二十八歲與慈安一齊「垂簾聽政」，至她七十四歲死去，執掌大清江山長達半個世紀，每年過年要收到多少禮物？有時一年就能收到滿滿幾個房間。

因為禮物太多，慈禧設有專門收藏間，這就是「鎖在庫內」一說的由來，德齡就管過這個「倉庫」。慈禧地宮中陪葬品價值白銀億兩，有不少人對此一直感到疑惑，哪來那麼多珍寶？看到這應該明白一點了吧。

## 袁世凱拍馬送珠寶袍

慈禧很在乎年禮，臣子則把送年禮看作是巴結晚清「第一女人」、引起她青睞的絕佳機會。

袁世凱做直隸總督時送給慈禧的年禮是一件十分奢華的黃緞袍，這件事外人很少知道。怎樣的奢華？上面用各種顏色的鑽石、珍珠鑲成一朵牡丹花，葉子是綠寶石的。

慈禧一眼就看中了袁世凱送的禮物，喜歡得不得了。

德齡透露，新年第一天，慈禧就穿到了身上，但因為鑲滿了寶石，太重了，穿起來可能不是太舒服，後來就收藏了起來。有一次，慈禧要接見一位外交官，德齡勸她穿上這件衣服，慈禧沒有採納，可能就是太重的原因。

實際上，袁世凱可能根本就未把這年禮當件衣服送啊，不過是把珠寶鑲到衣服上，比直接送珠寶更巧妙而已，慈禧竟然還真穿了一天，真有她的。這件「寶衣」後來也應該進了慈禧的地宮，陪葬了。

袁世凱是個很會送禮的人，他審時度勢，拍馬有方，有的官員卻忽視了這一點，禮雖重卻不稱慈禧的意。比如，慈禧如果有了，再送類似的，她就不會覺得稀罕。德齡姐妹倆與母親送一些他們從法國帶來的鏡子、香水及各式化妝品，這些都是當年國內看不到的稀罕物，慈禧十分高興。

就在同一年春節，知道慈禧喜愛珍珠的兩廣總督與袁世凱一樣，也送了份極為貴重的禮物，是四袋上好的珍珠，每袋至少有千粒，大小一樣，式樣相同。

德齡透露，慈禧已有許多珍珠，對這個禮物沒太在意，只說了一句「還好！」可見過年送禮也不能隨便送的，得動腦筋，得注意受禮對象的喜好，否則花了大錢可能還不落好。

慈禧有極強的虛榮心，除了臣子要給她年禮，皇帝、皇后和宮妃們也不例外。

但相比大臣送珍寶什麼的，慈禧對家人、身邊人送的禮物，更看重親情的含量，所以多是些親手做的東西，比如鞋、手帕、圍脖、手袋之類。丫頭、太監們，往往送一些糕餅點心之類的東西。

## 「老佛爺」除夕擲骰子

慈禧是大清朝的「老佛爺」，平時上下就是圍著她一個人轉，順從她的旨意，過年了則更是。

大年三十的一大早，慈禧要去敬神和祭祖。下午兩點，要行「辭歲典禮」，在皇后的帶領下，宮妃、家人、侍從等依等級高下排列成行，一齊向太后叩頭。

禮儀結束後，慈禧要出點「血」，給每個人一只紅緞做成的繡金小錢袋，裏面放著一些壓歲錢。

現在大年三十，大多數人家都會圍在電視機前看電視節目「守歲」，過去沒有電視，百姓之家就是打打牌，擲擲骰子，或是出去聽聽村戲、說書什麼的。帝王家在這一夜內容自然要豐富多了，還會有通宵的娛樂活動，相當於「春節晚會」。

但慈禧除夕比較喜歡的活動是擲骰子。德齡回憶，「沒有一個人想上床睡覺。太后提議我們玩骰子，給每人賞一些錢，多的達二百兩。她讓我們用心點，贏錢才好。我們當然是極用心的，生怕贏了太后的錢。」

但玩夠了，慈禧「開心一刻」就到了，會把她自己贏的錢都放到地上，讓大家都來搶，以此取樂。於是宮女下人都一擁而上，拚命搶奪，讓慈禧開心。以後幾天，慈禧都會玩「撒錢」的遊戲，有錢「搶」，大家也開心。

慈禧太后

## 讓兒媳陪著聽「淫戲」

天快亮時已是大年初一了，撐了一夜的慈禧肯定累了，會回房休息。在她醒後，宮女會捧著幾盤代表平安的蘋果，幾盤代表長壽的青果，表示更新的蓮心，到慈禧的房間，討她的歡心。慈禧見了高興，也要對大家說幾句祝福的吉祥話。這時候，大家都要站在旁邊，等她梳洗完畢，向她拜年。之後，大家才會給皇帝和皇后拜年。

慈禧最喜歡聽戲，而且最喜歡聽的是淫戲。為這，大太監安德海特地在西苑建造了一座精巧絕倫的大戲樓，供慈禧看戲。還專門召集了一班梨園子弟，排演戲劇，尤其是在淫戲方面下大功夫，博慈禧一樂。

有時候戲太下流，連陪聽的皇后（兒媳婦）都覺得坐不住。大年初一，戲自然是少不了的，根據慈禧的意思，會在宮內的院子裏臨時搭一個戲臺。慈禧一般坐在靠近客人和宮妃用的走廊附近，當然包括皇帝皇后在內，家人、身邊人都要陪她看戲。

而在這一天，慈禧也會有百姓人家老奶奶的仁慈，一改平日的威嚴。德齡就感受過一回，她回憶，「朦朧中，我感到有個東西掉到了我嘴裏，就猛地醒了過來。睜眼一看，原來是一片糖，我馬上就吃掉了。走到太后身邊，太后問我糖好吃不好吃，又讓我不要睡，多玩上一會兒。太后這麼高興的樣子，我還從沒見過呢。她開起玩笑來，簡直就像個孩子，讓人沒法相信這就是以前那個令人敬畏的太后。」

一直到傍晚時分，初一大戲才差不多唱完。這時，慈禧會即興表演，超級票友的她讓太監們奏樂，親唱幾首小曲過把戲癮，宮女們也跟著她唱了起來。正在興頭的慈禧又命太監唱，票友級太監自然唱得很專業，但卻難為了平時只知道「喳」的太監，根本就不會唱。老佛爺的話誰敢不從，只得扯開鴨嗓嚎上幾句。這麼一來戲劇效果就出來了，不只慈禧笑了，大家都笑了，滿堂喝彩。

看來，不論是普通的百姓之家，還是高高在上的帝王家，過年圖的就是一個字，「樂」。而慈禧，除了一個「樂」，還藉機積攢到了大量的陪葬品。

# 第二篇

# 中國帝王的非正常死亡

# 以身殉國——皇帝自殺現象

在中國的古代歷史長河中，帝王將相不計其數。僅封建朝代，從始皇帝嬴政，到末皇帝溥儀，有名有姓的皇帝超過四百位，至於自己宣佈稱王稱霸的就更多了。

按理說，有一位帝王就應該有一座帝王陵，可實際上，陵寢數量總數與帝王總數是不一致的。原因很簡單，其中不少帝、王並非正常死亡。每一次宮廷政變，每一次王朝更迭，每一次江山分裂，就意味著血流成河，就會有人死於非命。

中國帝王非正常死亡原因主要有四類：一自殺，二他殺，三縱慾，四服丹藥。

這裏聊「自殺」。自殺方式主要有自刎、上吊、投水、自焚、服毒等五種。

## 自刎：一度是自殺殉國的首選

所謂刎，就是割脖子；自刎，就是自己把自己的脖子割斷，這是早年帝、王們自殺的主要方式之一。

大明王朝的開國功臣之一劉基所著的《述志賦》稱，「種霸越而滅吳兮，終刎頸於屬鏤」。屬鏤，是中國歷史上很著名的一把寶劍，吳王曾賜予伍子胥自刎用，與越王勾踐劍一樣出名。

當初越大夫文種用計使夫差殺了伍子胥，吳滅亡後，勾

西楚霸王

踐難容功臣，文種也未能好好地活下去，勾踐以同樣方式令他用屬鏤自刎，劉基歎息的就是這件事情。

這是史上很典型的「自刎案例」，當然這不是發生在帝王身上。在中國古代早期的帝、王中，選擇這種自殺方式的比較多，最著名的當數項羽的「烏江自刎」。

這位生前不可一世的「西楚霸王」，雖然最後未能當上皇帝，但以這種「霸王的方式」結束楚漢之爭，還是頗為英雄的，一直為後輩世人推崇，廣受稱道。

當時項羽的軍隊被劉邦打敗，潰逃至垓下，即今安徽靈璧縣境內。當時軍情危急，劉邦的漢軍把垓下圍了起來，「四面楚歌」。在這種情況下，愛妾虞姬和項羽訣別，先行自盡。項羽率軍連夜突圍至烏江亭，烏江亭即晉初的和州烏江縣。當時亭長勸他東渡淮河，項羽放棄了，拔劍自刎。

西漢司馬遷所著的《史記．項羽本紀》中是這樣記述的——

「烏江亭長檥船待，謂項王曰：『江東雖小，地方千里，數十萬人，亦足王也。願大王急渡。今獨臣有船，漢軍至，無以渡。』項王笑曰：『天之亡我，我何渡為！且籍與江東子弟八千人渡江而西，今無一人還，縱江東父兄憐而王我，我何面目見之？縱彼不言，籍獨不愧於心乎？』乃謂亭長曰：『吾知公長者。吾騎此馬五歲，所當無敵，嘗一日行千里，不忍殺之，以賜公。』乃令騎皆下馬步行，持短兵接戰。獨籍所殺漢軍數百人。項王身亦被十餘創。顧見漢騎司馬呂馬童，曰：『若非吾故人乎？』馬童面之，指王翳曰：『此項王也。』項王乃曰：『吾聞漢購我頭千金，邑萬戶，吾為若德。』乃自刎而死。」

從這段記述中，可以看到，項羽自刎前的場面確實是相當悲壯的。自殺前還斬殺劉邦的兵士幾百人，身上也被砍了十幾刀，死時年僅三十一歲，稱項羽為古今自殺帝、王中「第一條漢子」，並不為過。在項羽自殺後，其頭也讓漢將王翳割了下來，提到劉邦處討封賞，王翳因此被封侯。

中國封建史上的第二位皇帝胡亥，也是採取自刎的方式殉國的。

當時，宦官趙高把持秦政。陳勝、吳廣開始起義，天下大亂。胡亥對隱瞞真相的趙高十分不滿。本就有篡位之心的趙高策動政變，派女婿閻樂帶領上千人，謊稱抓捕盜賊，直闖胡亥的行宮。在這種情況下，胡亥抽劍自刎。

胡亥遭此結局，也是活該。其在位時殘殺手足、濫捕黎民，天下讓他搞得一團糟，不然也不會有陳勝吳廣的起義，自然也就不會有項羽、劉邦楚漢相爭。

## 自縊：最常見的自殺殉國方式

上吊，這種自殺方式大概是中國人最喜歡，也是最常見的結束生命方式之一。相比自刎，不見刀光劍影，顯得文明、溫和一些，留有全屍。所以，不論民間，還是宮廷，欲自殺時多會想到這種方式。

煤山自縊的明末代皇帝朱由檢

朱元璋死後，要求沒有生育過的嬪妃全部殉葬，結束嬪妃生命的手段就是令其自縊。當時讓嬪妃們好好吃了一頓飯後，把她們集中到一處行刑房，逼其站到設有機關的木床上，讓她們將頭伸入綾帶結中。大太監一聲「準備好，上路啦」，站在床邊的小太監就抽掉她們腳下的底板。想不到，明末帝朱由檢的殉國方式竟與朱元璋的嬪妃一樣，也是自縊。

比起前任熹宗朱由校、光宗朱常洛、神宗朱翊鈞等，思宗朱由檢算得上是一位好皇帝，其力挽狂瀾之志，救大明江山於不敗的帝王氣概和急切心情，頗令史學家感動。

朱由檢生於萬曆三十八年（西元 1610 年），到自殺時的一六四四年，生年僅三十五個春秋。自十七歲開始當皇帝，在位十八年，可以說朱由檢每一天都在為朱姓搖搖欲墜的江山寢食難安。但國運不濟、龍脈受阻，最終讓滿族人奪走了江山。

清人張廷玉主編的《明史》本紀第二十四《莊烈帝二》記述，「是夕，皇后周氏崩。丁未，昧爽，內城陷。帝崩於萬歲山，王承恩從死。」張廷玉的文筆比起司馬遷來，顯然不是一個檔次的，記述乾巴巴的，不像司馬遷把項羽的「烏江自刎」寫得那麼有現場感，催人淚下。

敲響朱由檢喪鐘的是李自成，而不是清世祖福臨（即清朝「定都北京第一帝」順治皇帝）。一六四四年三月十九日，李自成攻入北京。危情之下，朱由檢早朝時親自擊鼓喚群臣上廷，商議對策，竟然無一臣前來。朱由檢知道大明氣數盡了，遂決意自盡殉國，之前已進行了自殺前的各項準備。

十八日夜，安排太子慈烺、三子定王慈燦、四子永王慈煥逃離。之後令母、妻、女諸女眷自盡，張太后（熹宗的皇后，朱由檢的嫂子）、周皇后先行了斷，後砍死了寵妃袁貴妃。為避免公主留世受人凌辱，又砍殺女兒。邊砍邊哭，「女兒，妳為什麼生在帝王家啊？」

結果幼女昭仁公主被砍死，長女長平公主被砍斷臂膀。在完成這一切後，朱由檢來到宮後的煤山，尋思自盡。當時煤山上有棵歪脖子老槐樹，朱由檢走到樹前，解下自己的腰帶，掛在樹上吊死了。

朱由檢年譜記載很簡單，稱「十九日凌晨，自縊於禁苑煤山」，僅十二個字。陪朱由檢一塊死的是老太監王承恩，也以同樣方式吊死在朱由檢對面不遠處。朱由檢上吊的老槐樹一九四九年後仍在，甚為可惜的是，這一活文物在「文革」中被紅衛兵毀掉了，現槐樹為後栽。

雖然張廷玉的《明史》寫的沒有司馬遷《史記》好，但也記下朱由檢臨死名言：「朕涼德藐躬，上干天咎，然皆諸臣誤朕。朕死無面目見祖宗，自去冠冕，以髮覆面。任賊分裂，無傷百姓一人。」

朱由檢將此話寫在自己的衣襟上，表其殉國心志。因為這話，朱由檢成了中國封建末帝中獲評價最高人，連奪他江山的清人都很感動，要責罰那棵老槐樹為「罪樹」，用鐵鏈鎖起來「治罪」。後來清朝以「帝體改葬，令臣民為服喪三日，謚曰莊烈愍皇帝，陵曰思陵」。

實際上，朱由檢死後是很慘的，屍體放在煤山上多少天都沒有人問事，據說都腐爛了。還是一個叫趙一桂的人，花錢掘開崇禎十五年，即朱由檢死前三年下葬的田貴妃的墓穴，將其與周皇后歸葬其中。好可憐，一代帝王的最後歸宿，竟是自己的妃子墓。清朝後以「帝體改葬」，名其墓為思陵，也不過是做個姿態而已。

## 投水：殉國捐軀的又一種選擇

選擇這種方式並不為歷代帝王看好，因為中國人講究死要全屍，投水後屍體就沉水底了，雖然屍體全了，但成了魚蝦的美食，屍體都見不到了，哪還叫全？但這種方式的自殺成本幾乎沒有，上吊還要有一根繩子，投河什麼也不需要，一頭栽下去就行。

西元十三世紀三〇年代，就發生過一次大規模的「集體投河自殺」事件。由範文瀾主編的《中國通史》第六冊「遼夏金部分」（蔡美彪、周清澍、朱瑞熙、丁偉志、王忠等執筆）也記述了這件事。天興三年（西元 1234 年）正月初九，南宋與蒙古兩股大軍攻入末帝完顏守緒所在的蔡州城，當夜，完顏守緒傳位於完顏承麟。次日宋軍攻入，完顏守緒見金將亡，「自縊於幽蘭軒」。

這個時候，督軍的宰相完顏仲德對諸將說，「皇帝已死，我還怎麼作戰。我不能死於亂兵之手，要去投汝水殉國。諸君善自為計吧。」說完，完顏仲德投汝水自殺。

見此情形，諸將都說，「宰相能死，我們就不能嗎？」孛術婁室、元志、王山兒、紇石烈柏壽等，及軍士五百餘人都紛紛投河自殺。南宋與蒙古人聯合進攻，滅掉金國後，自己也未能免亡國的命運。完顏守緒當年早看到這種結果，曾派員到南宋議和。當時蒙古軍力最強，金國希望南宋與他們一塊「抗蒙」，否則金國不存了，南宋離滅亡也就不遠了，但南宋拒絕了金國的遊說。果然，在金國滅亡四十五年後，即西元一二七九年，南宋讓蒙古人滅了。

南宋末帝叫趙昺，是度宗趙禥的兒子，生於一二七一年，死於一二七九年，在位兩年，年僅八歲。這個小皇帝連年號都沒有，自然也無諡號。但因為投海殉國，讓他在中國帝王中小有名聲。在忽必烈的蒙古軍隊（此時已叫「元軍」了）勢如破竹，打過長江後，南宋實際已不存在了。

一二七六年，元軍兵臨臨安城下，謝太后帶著權相賈似道擁立的小皇帝恭宗趙顯，打開城門投降。趙顯被俘北去，死無所終。與趙顯是兄弟的益王趙昰、衛王趙昺逃出。國不可一日無君，包括中國歷史上著名愛國將領文天祥在內的群臣，復擁七歲的趙昰為皇帝。

元軍乘勝進擊，南宋朝廷搬到了現在的福建省會福州。趙昰在逃亡途中病死了。

一二七八年，陸秀夫、張世傑再立八歲的衛王趙昺為皇帝，移駐南海邊的厓山。一二七九年正月元軍進攻厓山，宋、元兩軍在這裏展開了最後一場較量，此即著名的「厓山之役」，戰鬥十分慘烈。南宋組織了二十萬之眾的軍民進行保衛戰，不習慣海戰的元軍要攻下厓山是很困難的。

但抵抗二十多天後，因海水漲潮、後援缺乏、元軍誘降等「天、時、人」原因，元軍得手。二月初五，戰至傍晚，南宋諸軍大潰。當時風雨驟起，昏霧障目，咫尺不相辨。在這種情況下，上演了一齣千古絕景：「陸秀夫負趙昺赴海死」。

小皇帝跳海，寧死不屈的南宋軍臣，也紛紛跳進了無際的南海碧濤之中，追尋小主子去了，史稱義也。南宋的滅亡似乎有一種宿命，忽必烈是至元八年，即一二七一年定國號為元的，亡國之君趙顯和趙昺都生於這一年，結果一個被元俘去了，一個被逼投海了。

## 自焚：選擇在烈火中永生

選擇這種自殺方式，是需要一番勇氣的，要承受痛苦的煎熬。中國帝王中如此視死如歸者並不多，比較有名的是李從珂、朱允炆兩位皇帝。

李從珂生於西元八八六年，死於西元九三六年，是五代十國時期後唐的末帝。原姓王，時人稱王阿三，為後唐明宗李亶的養子。其皇位是從李亶第三子、閔宗李從厚的手裏取得的，其部下殺了李從厚後，李從珂當了皇帝。後大將石敬塘造反，叛變後唐，裏通外國，勾引來契丹兵。

九三六年底十一月，石敬塘的軍隊攻入都城洛陽，李從珂將堆滿柴草的玄武門樓燃著，最後城焚人亡。石敬瑭還算有點良心，從餘燼中找到的李從珂臂骨、大腿骨，以王禮安葬。李從珂無謚號，史稱後唐廢帝。

朱允炆是明朝的第二位皇帝建文皇帝。他是朱元璋的嫡長孫，太子朱標的兒子。如果不是因為父親朱標意外病死，或許朱允炆就不會有這個火光之災。但歷史是不允許「如果」的，朱允炆自焚，或許也是命吧。造成朱允炆自焚事件的責任人是他的四叔朱棣，即後來的明成祖。

朱元璋死後，知道自己的兒子可能會給新皇帝惹麻煩，於是遺詔諸藩王不要進京（南京）奔喪。《明史．太祖本紀》記載：「帝遺制，『朕膺天命三十有一年……諸王臨國中，毋至京師。諸不在令中者，推此令從事。」而且據說，朱元璋臨死時給朱允炆留下了一個鐵匣，讓他危急時刻打開。

根據朱元璋的遺詔，朱允炆從速辦了朱元璋的喪事，將其歸葬東郊的孝陵。考慮到各地藩王對中央政權的威脅，兵部尚書齊泰和大常卿黃子澄出計策，剝奪各路藩王的兵權，朱允炆採信，遂著手「削藩」。此舉對於剛登基的朱允炆來說，是非常必要的，但有點早了。

政權未穩，操之過急，結果給朱棣找到了起事的理由：一是父親死了連一面都未見著，二是「清君側」。實際上，朱棣本來就計謀篡位，朱允炆此舉正好成全了朱棣——「靖難之災」出現了。

建文四年（西元 1402 年）六月，燕王朱棣攻破應天府。朱棣兵到內城時，宮內燃起了熊熊大火，原來朱允炆放火自焚了。朱棣兵過長江已到城外時，朱允炆希望不要自家人打自家人，派員前去求和，有話好說。但事已至此，這話等於白說，朱棣未理。看到大勢已去，朱允炆下令焚宮。據說，火起後朱允炆與皇后攜手跳入大火之中，眾妃嬪侍從等也先後蹈火殉葬。

朱棣進入後宮後，找了三天，都不見朱允炆的下落。後來，依宮人指點，從火灰裏扒出了一具已燒焦的屍體，稱是朱允炆。但屍體分不清男女，朱棣懷疑有詐。於是，朱棣派人到處尋找追殺，太監鄭和出海就是其中的一路人馬。因為這原因，中國歷史上最偉大的航海壯舉，「鄭和七次下西洋」誕生了，也是意外之傑作了。

有人稱，朱允炆自焚實是假像。清朝文人呂世安即持此觀點，在其所著《二十四史演義》裏即稱，朱允炆出家做和尚了。當朱棣的大軍攻入內城時，朱允炆派人取出藏在奉先殿的鐵匣子。打開一看，裏邊有三張度牒，三件僧衣、一把剃頭刀、金十錠、遺書一封。書中囑讓他從位於太平門的鬼門出城，其他人則從水關御溝走。

朱允炆出了鬼門後，見早有一和尚在等他，原來是接他出家的，命該續上朱元璋的前世未盡佛緣。上述所言，實際上是民間傳說，並不見正史記載。所以，朱允炆的下落誰也弄不清，此事成了中國歷史上最具懸念的謎案之一。

因為生不見人，死不見屍，朱允炆也是明帝中唯一沒有陵寢的皇帝。

## 服毒：並非情願的一種選擇

毒殺這種方式，從世界範圍內來說出現的都比較多，可以保留全屍，痛苦時間短暫。但服毒其實並不是中國帝王首選的結束生命方式，有的似乎還不太願意接受。如，東晉末帝司馬德文就不太喜歡。

司馬德文生於西元三八五年，是孝武帝司馬曜的兒子，安帝司馬德宗的弟弟。東晉末年，中國社會動盪不已，世象雜亂。時大將劉裕最有野心，於西元四一八年派人將司馬德文的哥哥司馬德宗勒死了。後扶植司馬德文上臺，史稱晉恭帝。

西元四二〇年六月，劉裕露出了狼子面目，擬好詔書，逼司馬德文禪位於他。司馬德文禪位後，劉裕降之為「零陵王」，歷一百零四年的東晉就此滅亡了。

司馬德文禪讓後，劉裕仍不放心，於次年，即西元四二一年九月，讓兵士用被子把司馬德文活活捂死了。劉裕本是逼其服毒自盡的，已派人到秣陵，送給司馬德文一瓶毒酒。但司馬德文稱，「人凡自殺，轉世不能再投人胎」為由，拒絕服毒，此事史稱「秣陵鴆殺」。

司馬德文被劉裕捂死時僅三十七歲，後葬於沖平陵。有意思的是，當時送毒酒的大臣張偉，見司馬德文不飲，不忍弒舊主，但又無法向劉裕交代，乾脆自己飲毒酒自殺了。

西晉時著名的「白癡皇帝」司馬衷之死，據傳即服毒自殺的。但他服毒一事比較蹊蹺。司馬衷是晉世祖司馬炎的第二個兒子，生於西元二五九年，九歲被立為太子，司馬炎在西元二九〇年死後由他繼位。

司馬衷之愚笨在中國帝王中是很出名的，也鬧出過好多笑話。《晉書‧惠帝本紀》記載，當時天下饑荒，餓死了好多人，有臣子告訴他，他竟然覺得不可想像，稱「何不食肉糜？」因為太蠢，當年司馬炎要廢掉他，因楊皇后的強烈反對未果。

司馬衷的出名除了愚笨，還因為他有一位著名的醜皇后賈南風。賈南風皮膚很黑，眉間長痣，身材粗短，而且性格不好，妒忌心特重，特別糟糕的是她喜歡男色，淫得讓人無法理解。

司馬衷當了皇帝，賈南風就成了皇后。為了把控住司馬衷，她不讓其他嬪妃沾邊，但自己卻公開與太醫偷情，還到處找潘安這樣年輕英俊的面首供自己淫樂。因為司馬衷愚蠢，賈氏專權，無惡不作，設計廢掉太子司馬遹，就是其中一惡。

司馬遹是司馬衷與當年才人謝玖所生。謝玖為屠夫的女兒，雖然出身低賤，但長得漂亮。司馬衷被立為太子後，司馬炎讓她去陪寢，以好讓蠢兒子知道床邊風情，留下龍種。誰想，謝玖真的懷孕了，生下的孩子就是司馬遹。

有意思的是，司馬遹都三四歲了，司馬衷竟然不知道自己有兒子，也真夠蠢的。賈氏不能生育，又想除掉司馬遹，便抱妹妹的孩子謊稱親生，欲立她的假兒子為太子。

西元二九九年，賈南風讓喝醉後不知東西南北的司馬遹抄了一份文字：「陛下宜自了。不自了，吾當入了之。中宮又宜速自了。不了，吾當手了之。」這「陛下」就是司馬衷，「中宮」即賈南風。

賈南風便將司馬遹的「親書」呈給司馬衷看，有人要奪其皇帝寶座，司馬衷不蠢了，如此逼皇帝、皇后自殺的太子怎麼能留？結果太子司馬遹被以謀反罪廢掉，遣至許昌。次年，賈南風又追殺司馬遹，派宦官孫慮帶著太醫配好的毒藥至許昌，逼司馬遹服毒自盡。司馬遹不從，孫慮趁他如廁時，從後面「以藥杵椎殺之」，司馬遹死時僅二十三歲。

賈南風的惡行引起了司馬諸王的憤怒，導致了「八王之亂」。在政變中，司馬衷被誘食毒餅而亡，後世多稱是「八王」之一的司馬越所為。但司馬衷到底是怎麼服毒的，誰人所使，史書上交代並不詳細，也有保留意見。《晉書》稱：「後因食餅中毒而崩，或云司馬越之鴆。」

上述五種方式為史書上常見。實際上，帝、王們主動結束自己生命，以身殉國的手段遠不只這些。但有一點要注意，現代人動輒的「跳樓」，卻少見於史，大概是因為古代沒有摩天大樓吧！

《洛神賦圖》（東晉 顧愷之）

# 血染皇宮——奪權殺戮現象

翻開《二十四史》，通讀一遍下來，最大的感受就是一個「殺」字。可以這麼樣講，中國的改朝換代史，就是一部以「殺」字為主線的血腥史。帝王馬上得天下，結果往往是刀下失龍椅。或父子手足相殘，或皇親國戚謀逆，或亂臣閹黨加害，或外族他姓侵略……

## 開國皇帝非正常死亡比較少見

有學者統計，從嬴政建立天下一統的秦朝起，到清滅亡，大大小小的皇帝有四百九十多位。實際上，如果不算五代十國、西域小國這類的小朝小廷皇帝，才兩百出頭。但這些帝王的平均年齡，估計下來僅在四十歲左右，短得出奇。穿有綢緞華服，食有山珍海味，宿有太監侍寢，出有車輦代步，病有太醫把脈，衣食住行，樣樣豐足，這樣令人羨慕的生活條件，卻沒有得到理想的壽命，令人唏噓。

從帝王世系表中粗略地統計了一下，長壽的帝王，七十歲以上（含七十歲）的皇帝，算上五代十國、遼、西夏等帝王在內，總共是十六個

乾陵章懷太子墓墓道東壁：《狩獵出行》

人，僅占四百九十多位帝王的3%多一點。以年齡大小來排列，分別是——

漢武帝劉徹，西元前一五六～西元前八七年，七十歲；在位五十五年，死後葬茂陵。

唐朝開國之君、高祖李淵，西元五六六～六三五年，七十歲；在位九年，死後葬獻陵。

遼道宗耶律洪基，西元一〇三二～一一〇一年，七十歲，在位四十七年；死後葬慶陵（附葬聖宗耶律隆緒陵）。

西夏仁宗李仁孝，西元一一二四～一一九三年，七十歲；在位五十四年，死後葬壽陵。

東吳開國之君、大帝孫權，西元一八二～二五二年，七十一歲；在位二十四年，死後葬蔣陵。

明朝開國之君、太祖朱元璋，西元一三二八～一三九八年，七十一歲；在位三十一年，死後葬孝陵。

五代十國南平世系高季興，第一任「皇帝」，謚號武信王，西元八五八～九二八年，七十一歲；在位五年，無陵。

五代十國前蜀系王建，第一任「皇帝」，廟號高祖，西元八四七～九一八年，七十二歲；在位十六年，死後葬永陵。

唐玄宗李隆基，西元六八五～七六二年，七十八歲；在位四十五年，死後葬泰陵。

五代十國楚世系馬殷，第一任「皇帝」，謚號武穆王，西元八五二～九三〇年，七十九歲；在位二十四年，無陵。

元朝開國之君、世祖忽必烈，西元一二一五～一二九四年，八十歲；在位三十五年，死後葬起輦穀。

五代十國吳越系錢鏐，第一任「皇帝」，謚號武肅王，西元八五二～九三二年，八十一歲；在位二十六年，無陵。

南宋首任之君、高宗趙構，西元一一〇七～一一八七年，八十一歲；在位三十六年，死後葬永思陵。

大周開國女皇武則天，西元六二四～七〇五年，八十二歲；在位十六年，死後葬乾陵（與唐高宗李治合葬）。

南朝梁開國之君、高祖武皇帝蕭衍，西元四六四～五四九年，八十六歲，死後葬蕭脩陵。

清高宗弘曆，西元一七一一～一七九九年，八十九歲；在位六十一年，死後葬裕陵。

從中可以看出，這十六位帝王中，有三位是算了虛歲，如按周歲來算，劉徹、李淵、耶律洪基只有六十九歲；八十歲的僅六位，以弘曆，即慣稱的乾隆皇帝年歲最高，接近九十歲，加上四年的太上皇，可以看作是中國封建帝王中在位實際時間最長的一位皇帝，達六十五年。

值得注意的是，十六人中有十二人是「開國皇帝」，這個現象很有意思。從史實記載看，這些長壽皇帝多不是非正常死亡，壽終正寢為多，開國皇帝被他殺的較為少見。

當然裏面也有例外，大唐開國皇帝李淵，便疑是其兒子唐太宗李世民所害。

## 中國最小的皇帝到底是哪一位

在中國歷史上，「小皇帝」現象比較突出。

離我們最近的一位小皇帝，是清朝末代皇帝溥儀。光緒三十四年（西元 1908 年）十月二十一日，三十八歲的德宗載湉病死（史學界懷疑是中毒，次日慈禧太后死亡）。載湉無子，侄兒溥儀哭著被大臣擁上了天子寶座，成為中國封建帝王中最後一位皇帝。

整個清朝，也是中國統一王朝中「小皇帝」最多的一個朝代。除了溥儀，還有（從後往前推）——

德宗載湉（西元 1872—1908 年），五歲登基，在位三十四年，死後葬崇陵。十八歲時親政，光緒二十四年（西元 1898 年）六月二十一日「戊戌變法」失敗後，被慈禧幽禁於中南海瀛台。

穆宗載淳（西元 1856—1875 年），六歲登基，在位十四年，死後葬惠陵。慈禧與恭親王奕訢發動政變，將載淳的八大輔政肅順、載垣、端華等「八大王」或處死，或革職，或遣戌，兩宮太后慈安、慈禧「垂簾聽政」。

聖祖玄燁（西元 1654—1722 年），八歲登基，年號康熙。玄燁享年六十九歲，在位六十二年，為中國封建帝王中在位時間最長的一位。死後葬景陵。順治十八年（西元 1661 年）正月，世祖福臨死亡。年幼的玄燁得以嗣位，由索尼、遏必隆、蘇克薩、鼇拜「四大臣」輔政。十四歲時親政。

世祖福臨（西元 1638—1661 年），六歲登基，在位十九年。死後葬孝陵。崇德八年（西元 1643 年）九月，太宗皇太極病死。在皇權爭執不下的情況下，各親王妥協，擁中立年幼的福臨為帝，多爾袞為皇父攝政王。福臨是清入關定都北京後的第一位皇帝，十三歲時多爾袞死去，開始親政。

但清朝上述的五位「小皇帝」都活到了成年，年壽最小的載淳也活到了十九歲。這些小皇帝並不小，僅是繼大位時年幼。

如果要說小，未成年即告夭折的，才是真正意義上的小皇帝。從歷代帝王世系年表中可以查到，年壽在十八歲以下未成年的「小皇帝」，有二十多位。

其中，十歲以下的，大約有七位——

**兩歲皇帝**　壽命最短的皇帝只在人世間活了十一個月，他就是東漢的殤帝劉隆。劉隆生於西元一〇五年，年號「延平」，但吉祥的年號未能讓他延年益壽，也未保其平安，第二年劉隆就死了。劉隆也是中國歷史上即位年齡最小的一位皇帝，登基時才三個月。而在位時間也極為短暫，只有八個月。史書上稱他年壽兩歲，是連頭連尾算的，實際上，還不到一歲。如果要評中國封建帝王中的第一小皇帝，非劉隆莫屬。

劉隆是接穆宗劉肇（西元 79—105 年）的皇位。劉肇，即漢和帝，體弱多病，二十七歲那年冬天，即元興元年（西元 105 年）十二月，劉肇病死於京都洛陽章德前殿。劉肇有陰氏、鄧氏兩位皇后，但都未給他生下龍種。其他嬪妃生產後，子也多夭折。因為這個原因，劉肇生前未能立上太子。

劉肇死後，鄧皇后將由宮女所生、為避邪而養在宮外的劉隆接了回來。當時，還有一位八歲的皇子劉勝，但劉勝有先天性疾病，不便迎立，只有選劉隆。其時劉隆剛過了「百日」，連話也不會說，娘也不會叫，就當上了皇帝。只可惜他沒有帝王命，娘奶都未吃夠就死了。雖然人生苦短，但劉隆死後享受了帝王之尊，還以帝禮歸葬於康陵。

**三歲皇帝**　中國歷史上有生卒記載的帝王中，倒數第二位最小的皇帝也出在東漢，活到了三歲，他就是孝沖帝劉炳。劉炳生於西元一四三年，死於西元一四五年，死後葬懷陵。劉炳在位五個月，是漢順帝劉保的兒子，母親是虞貴人。

建康元年（西元 144 年），劉炳被立為太子。劉保死後，劉炳於當年八月登基，改年號為永憙。西元一四五年正月，劉炳死於玉堂前殿。關於他的死因，有說是病死的，有說是外戚梁冀毒死的，反正死因不太正常。

**七歲皇帝**　這是元朝小皇帝，名叫懿璘質班，即史上的寧宗。懿璘質班是元朝倒數第二位皇帝，他死三十六年後，朱元璋滅掉了元朝，明王朝興起。懿璘質班生於西元一三二六年，死於西元一三三二年，七歲。懿璘質班是明宗和世瑓的次子，被封為鄜王。史上傳說，明宗是被弟弟、文宗圖帖睦爾於一三二九年八月毒死的。至順三年（西元 1332 年）八月，圖帖睦爾死去。臨終前，為了表明自己的清白，遺詔給皇后卜答失里，立懿璘質班為皇帝。

不少人認為，當了八十三天皇帝的袁世凱，是中國帝王中在位時間最短的一個，實際上不是，在小皇帝中這個座次應該是懿璘質班的。懿璘質班十月即位，十一月死去，實際在位時間四十三天，比袁世凱少了整整四十天（大皇帝中，明光宗朱常洛因「紅丸案」而死，在位僅一月）。如果要評小皇帝之最，懿璘質班也是最合適的候選人。懿璘質班死後，與忽必烈一樣，採用秘葬制，葬於皇家陵區起輦谷。

**八歲皇帝**　在中國帝王中，「八歲皇帝」是北朝北齊國幼主高恒。高恒生於西元五七〇年，死於西元五七七年，八歲，與劉隆、劉炳、懿璘質班一樣，高恒在位僅一個月。由於是亂世小朝廷，死後連陵也沒有。

高恒是西元五七七年正月以皇太子即帝位的，當月，北周攻陷了都城鄴（今河北臨漳西南），高恒出逃時被俘，當年十月被賜死。其父高緯傳位於高恒時才二十二歲，卻自稱太上皇，北周抓到後，還封他為「溫公」。後與兒子高恒一道被賜死，北齊滅亡。雖然時間很短，但高恒還有年號「承光」。

**九歲皇帝**　「九歲皇帝」有兩個。一個是東漢孝質帝劉纘，另一個就是我在前文《以身殉國——皇帝自殺現象》中提到的南宋最後一位小皇帝趙昺。還有一個是北朝周靜皇帝宇文闡。

東漢是盛產小皇帝的朝代，劉隆、劉炳之外的小皇帝是劉纘（西元 138 年—146 年）。劉纘是東漢第九位皇帝，於一四五年即位，在位不到一年，謚號孝質皇帝。劉纘接的是漢沖帝劉炳的皇位。劉炳三歲早夭後，身為漢章帝劉炟玄孫的劉纘，由梁太后與大將軍梁冀立為帝。

劉纘其時為八歲，即位後改元「本初」。史書對劉纘的評價還是不錯的，劉纘雖然年幼，但聰明伶俐，看不慣梁冀的專橫跋扈。曾當著朝臣的面說梁冀，「此跋扈將軍也」，令梁冀不悅。後梁冀讓人在餅裏下毒，將剛過完九歲生日的劉纘毒死。

劉纘死後葬靜陵。順便交代一下，劉纘死後，梁冀如法炮製，又立十五歲的劉志為帝，史稱桓帝，同為小皇帝的劉志未為迷惑，後誅殺了梁冀。

南宋也是盛產小皇帝的朝代。

趙昺，南宋第九位皇帝，也是末帝，是第六位皇帝度宗趙禥的小兒子，端宗趙昰的親弟弟。趙昺生於西元一二七一年。在位兩年，死後無陵。趙昺當皇帝是抗元名臣陸秀夫一手策劃的，還給他起了年號「祥興」。

在此之前，陸秀夫已擁立了另一位小皇帝，趙昺的哥哥趙昰為帝，死後廟號端宗。趙昰六歲當皇帝，比趙昺還小一歲，在元軍進逼的逃亡途中病死了，僅十一歲。陸秀夫再立了趙昺。

趙昺死時很悲壯，祥興二年（西元 1279 年）二月，元軍進攻厓山，南宋失守。在趙昺可能被俘的情況下，陸秀夫對趙昺說，「德祐皇帝辱已甚，陛下不可再辱」，毅然背著小皇帝赴海殉國。其時，趙昺虛歲才九歲。

值得一提的是，德祐皇帝是南宋恭帝趙顯，也是位小皇帝。

趙顯生於西元一二七一年，與趙昺同年。趙顯、趙昰、趙昺是親兄弟三個，同是度宗趙禥的兒子。趙顯三歲於臨安（今杭州）即位當皇帝，六歲時被元軍俘獲後北去，不知所終，所以正史帝王世系年表中在他的終年一欄，是「？」號。

關於趙顯結局，一說是至元二十五年（西元 1288 年）忽必烈賜令他西藏出家，到至治三年（西元 1323 年），被元英宗碩德八剌賜死。另一說，他在西藏出家後成了佛學大師，五十四歲圓寂。

北朝時北周靜皇帝宇文闡死時也只九歲。宇文闡生於西元五七三年，六歲即位，在位三年。宇文闡當皇帝與北齊幼主高恒有點相似，西元五七九年二月，其父宇文贇、北周宣皇帝自稱天元皇帝，當太上皇，宇文闡以太子即位，年號大象，後易為大定，史稱靜帝。

因為年紀小，由宣帝皇后楊氏的父親楊堅輔政。楊堅欺負外孫，總攬朝政，自封隋王。西元五八一年二月，楊堅覺得當王不過癮，乾脆代周稱帝，立國號隋，廢了宇文闡。三個月後宇文闡死了，葬恭陵。

從上面可以看出，凡是小皇帝頻出的朝代，包括清朝在內，政局多是動盪不穩當的，東漢、南宋、南北朝，無不是中國歷史上最糟糕的年代，社會混亂，饑荒連年，人吃人的事情多有發生。

而這些小皇帝，當年根本就不知「天子」為何物。不要說天子了，他們連人子都難有命享。像劉隆那樣，連話也不會說，乳臭未乾，如何當皇帝？所以，小皇帝出現的年代都是不幸的年代，是國家和民族的災難季節！

## 在位皇帝慘遭殺戮的十三種原因

在中國歷史上，帝王殺人是很出名的。一個人犯罪不只是一人遭殃，而是全家，有的是全族，最重的是誅九族，一塊掉腦袋。用殺人如麻來形容帝王的殘暴是比較貼切的。這樣的帝王很多，每一個王朝的開國之君，幾乎都是當朝的第一殺人王，是屠夫。如朱元璋，就是歷史上著名的殺人皇帝、鐵腕皇帝。

但是，任何事情都是辯證的，殺人者在殺人的同時，自身亦危機四伏，時時有掉腦袋的凶險，甚至連最不會殺人的宮女，都可能聯合起來殺皇帝。如明朝的第十一位皇帝朱厚熜，差點就讓楊金英、蘇川藥、楊玉香、王槐香等十多位宮女給勒死，因為宮女操作時太緊張，不會殺，朱厚熜才倖免一死。

乾陵章懷太子墓墓道東壁《禮賓圖》

所以，他殺在帝王非正常死亡紀錄中的比例是相當高的。我大概統計了一下，有超過六十位大大小小皇帝是這樣死掉的。這些被他殺的皇帝起因各異，式樣也是五花八門。這裏以「凶手」為主線，根據相互之間的關係，發現，大概有如下十三種皇帝「殺法」——

近臣殺、宦官殺、子殺、叔殺、父殺、母殺、妻殺、兄弟互殺、祖母殺、外公殺、岳父殺、兵殺、俘殺。

## 一、近臣殺

這種殺法叫犯上作亂，過去叫弒，也是中國歷史上最為常見的現象之一，特別是早期王朝中，臣子不臣要弒殺皇帝的，例子多不勝舉。十六國時期、南北朝時期、五代十國時期，還有各朝的後期，都是「臣弒君」的重災期。殺一個皇帝比砍一個草寇還容易，更方便。

漢少帝劉辯（西元 175—190 年），西元一八九年四月當了皇帝，結果九月就被廢了。當時是奸臣董卓當道，董卓廢劉辯為弘農王。次年派郎中令李儒酖，將劉辯毒死。可憐啊，劉辯死時虛歲才十六歲。之後，他的弟弟劉協（西元 181—234 年），被董卓擁立為皇帝，追諡劉辯為「弘農懷王」，史稱廢帝，或少帝。死後被草葬。

十六國時漢系隱皇帝劉粲，是昭武帝劉聰之子。先是以皇太子身分總攝朝政，西元三一八年七月正式即帝位。但當年九月，剛當了兩個月皇帝的劉粲，即讓掌管兵權的大將軍、錄尚書事靳准殺掉了。當時情況是，靳准將發動政變，想聯合重臣王延。王延不從，被靳准綁了回來。靳准遂下令政變，衝入皇宮抓住劉粲，立刻誅之。

所有劉姓皇族也跟著遭殃，男女老幼，一個不剩，全讓殺了。靳准又掘開劉聰的宣光陵、劉淵的永光陵進行報復。劉聰剛葬一年，屍體尚未完全腐爛，靳准一刀砍下了他的頭顱。但靳准也沒有好下場，被滅西晉的第一功臣劉曜追殺。劉曜被太保呼延晏等擁為皇帝後，改漢為趙（史稱前趙），立即將靳氏一家斬盡殺絕。一報還一報，劉曜又被後趙始主所殺。

十六國時期，大部分皇帝都是被手下謀殺的，所以，才有那麼多小國小朝出現。唐昭宗李曄（西元 867—904 年）、末帝李柷（西元 892—908 年）均為其臣子朱全忠所殺。朱全忠原名朱溫，本是黃巢部將，西元八八二年叛變，舉兵降唐。唐朝廷授朱溫右金吾大將軍、河中行營招討副使，還賜名全忠，後授為梁王。

但朱全忠並不忠，擁兵自重，權慾薰心，一直企圖篡唐自己當皇帝。天復四年（西元 904 年），先是逼李曄遷都洛陽，同年八月，朱全忠將李曄殺了。但他不敢馬上就當皇帝，而是拐了一個彎，就立李柷為帝，過渡一下。

李柷當了三年皇帝後，朱全忠等不及了。西元九〇七年正月，朱全忠強迫李柷禪位於他，這樣聽起來名正言順，是李家讓位給他的。三月，李柷正式降下御札，辭去大唐皇帝。當了皇帝後，朱全忠第一件事是改名字為朱晃，以「去唐化」。並改年號為開元，國號大梁。以汴州為都，稱東都，以唐東都洛陽為西都。中國封建社會的鼎盛朝代大唐王朝正式謝幕了，由此進入了很糟糕的「五代十國」時期。史稱朱全忠為後梁太祖，六十一歲死去，葬宣陵。

李柷被廢時是十六歲，被朱全忠降為濟陰王，趕往曹州，並派重兵看著他。朱全忠仍不放心，開平二年（西元 908 年）二月二十一日，送去毒酒，將年僅十七歲的李柷鴆殺。這時的朱全忠倒表現起臣子的孝心了，謚李柷這位未成年皇帝為「哀皇帝」，並以王禮葬於濟陰縣定陶鄉（今山東定陶縣），名溫陵。

值得一提的是，朱全忠這個皇帝才當了六年，就讓兒子朱友珪給殺了。這在「子弒父」中再說。

## 二、宦官殺

這也是中國帝王遭他殺中常見的一種現象，也是最具傳統性的一種皇帝殺法，幾乎每朝都能找到這樣的案例，禍起太監干政。為什麼稱「宦官弒主」是傳統殺法呢，因為從中國第一位皇帝秦始皇嬴政起，就是這種殺法。

中國封建第一朝的三位皇帝嬴政、胡亥、子嬰，有兩位都是宦官給做掉的，執行人就是太監趙高。嬴政希望嬴家永遠做皇帝，遂自稱「始皇帝」。實際上，秦朝是中國歷史上最為短暫的王朝之一，自西元前二二一年始，至西元前二〇六年止，頭尾都算才十六年。

嬴政西元前二四七年繼父莊襄王子楚王位，時年才十三歲。秦王政二十六年（西元前 221 年）滅六國而統一全國，秦王政改稱始皇帝，定都於咸陽。秦始皇三十七年（西元前 210 年），嬴政死於巡行途中，地點在邢州平鄉縣沙丘（今河北省邢台平鄉）。當時他在沙丘官平台（行宮寢室）養病，但死得很突然，終年五十歲。

正史記載嬴政是病死，但不少學者認為是他殺，已故學者朱星即持此觀點，認為嬴政死於宦官趙高發動的一場政變。當時太子是扶蘇，嬴政無意傳位給後來的秦二世胡亥。趙高擔心扶蘇繼位對己不利，於是利用第五次出巡，胡亥隨行之機，謀劃了這場政變。

嬴政死後，胡亥順利繼位。但他也沒有免掉被宦官玩弄的命運，為趙高所害。秦二世三年（西元前 207 年）八月，劉邦攻下武關後，趙高恐誅罰及身，與其婿閻樂等人密謀，乘二世在望夷宮齋戒之機，詐詔發兵圍宮，逼令二世自刎。趙高企圖篡位自立，百官不從，遂立二世之子子嬰為秦王。但趙高未得好死，同年九月被子嬰誅殺，夷三族。

這之後，「宦官弒主」就多了起來。如唐敬宗李湛即為宦官所殺。

李湛（西元 809—826 年），為唐穆宗李恒長子，初封鄂王，徙景王，長慶二年被立為太子，西元八二五年即位。李湛貪圖安逸，好女色，寵信宦官而荒於國政。還迷信道士，小小年紀就企圖長生不老。曾派宦官往湖南、江南等地採藥。

寶曆二年（西元 826 年）十二月，宦官劉克明等發動政變，殺死毫無防備的李湛。當時，李湛夜獵還宮，入室更衣時殿上燭光忽然熄滅。燈黑殺人時，劉克明立即動手。李湛死時十八歲，僅當了兩年皇帝。葬莊陵。

唐文宗李昂（西元 809—840 年）則險些被宦官誅殺。李昂是穆宗次子，李湛死後，宦官王守澄擁立李昂承繼大位，於西元八二七年登基，即位前被封江王。李昂與李湛同年，但執政風格與李湛不一樣，勵精圖治，志在中興唐室。雖然為宦官所立，卻討厭宦官，親自導演了一齣「甘露之變」，欲滅殺仇士良等為首的宦官。

大和九年（西元 835 年）十月二十一日，李昂在紫宸殿舉行早朝時，金吾大將軍韓約奏報左金吾杖院內石榴樹上夜降甘露。文宗命仇士良、魚志弘等率領全體宦官前去察看，欲藉機剿滅這批宦官，讓仇士良察覺。李昂遭宦官挾持，險些被宦官殺了。計謀不成，李昂牢牢被宦官把控。後一病不起，憂憤而死。時年僅三十二歲。葬章陵。

**三、子殺**

這在過去也叫弒。弒父與弒君一樣是天下第一罪，大逆不道。那弒當皇帝的老爸，就是罪大惡極了。但是，儘管有君為臣綱，父為子綱的規矩在那，君要臣死，臣不得不死，父要子亡，子不得不亡，封建倫理秩序極其嚴格，違反常倫之事卻時常發生。特別是帝王家裏，這種封建倫理秩序是亂糟糟的，兒子把老子殺死了，自己當皇帝的事情實在不鮮見。

廣在民間流傳的當是荒淫皇帝楊廣（西元 569—618 年）弒父案。隋的開國皇帝楊堅（西元 541—604 年）是奪了八歲的外孫宇文闡的皇位，時間是西元五八一年二月，廢靜帝宇文闡，自立隋。

楊廣是楊堅的次子，封建慣例是皇儲「立長不立幼」，當皇帝本來沒有他的份，太子本是其老大楊勇。但楊廣是挺有心計的人，也有本事，在父皇面前既老實又孝順。使計稱太子希望皇帝早死，楊堅聽了大怒，在西元六〇〇年廢楊勇為庶人，立楊廣為太子。但後來楊堅發現上了楊廣的當，決定復立楊勇，結果事未成，卻要了自己的命。

西元六〇四年七月，楊堅患重病，楊廣認為當皇帝的機會來了，欲提前奪權，不料洩密，為楊堅知曉。更讓楊堅惱火的是，楊廣竟然調戲自己寵愛的女人、輩分上是他媽的宣華夫人陳氏。楊堅立即決定廢楊廣，傳位於楊勇。結果此事走漏了風聲，當晚楊廣先下手，將楊堅毒死在仁壽行宮的病榻上，得繼皇位，史稱隋煬帝。

隋煬帝未得好死，到了西元六一八年三月，讓禁軍將領宇文化及等人縊死在揚州，這是後話。

另一起有名的「子弒父」案主角是唐太宗李世民。李世民（西元 599—649 年），是中國帝王中頗有作為頗有影響的一位好皇帝，但這位好皇帝承繼大位時也是不擇手段。武德九年（西元 626 年）六月，李世民在宮城玄武門發動兵變，將太子李建成、齊王李元吉及其他皇子皇孫全殺了，史稱「玄武門兵變」。

在這種情況下，李淵只得於六月七日立李世民為太子。兩個月後，李淵禪位李世民，從此過著所謂的太上皇生活，實際與軟禁無異。貞觀九年（西元 635 年）五月李淵死了，葬獻陵，諡「高祖神堯大聖大光孝皇帝」。李淵的死，當時就有人懷疑是讓李世民謀殺掉的，但史學界對此一直有爭議。

不過，李淵當上皇帝，開創大唐王朝時的手段，也是不光彩的。大業十三年（西元 617 年），李淵進入長安，奉楊廣的孫子、只有十四歲的楊侑為帝，史稱恭帝，自己也得封唐王。此時隋煬帝楊廣被叛軍囚禁在揚州，被遙尊為太上皇。次年五月，李淵逼楊侑禪位於他，自立為帝，這才有了大唐一朝。

五代十國時期後梁的郢王朱友珪（西元？—913 年），也是殺了父親、梁太祖朱全忠當上皇帝的。皇帝多好色，朱全忠亦然。朱全忠原配張氏死後，性慾難禁。但他看上的女人卻是「窩邊草」，自己的兩個兒媳婦，結果當了「扒灰皇帝」。

朱全忠特別喜歡次子朱友文的妻子，在二兒媳的煽動下，乾化二年（西元 912 年）六月，病重中的朱全忠擬立次子朱友文為太子。聽到此消息，三子朱友珪不幹了，當夜造反。朱友珪闖進朱全忠的臥室，一刀結束了老子的性命，篡位成功。

友珪的母親原為亳州妓女，朱友珪非嫡出。他的行為，老二朱友文沒有急，張氏所生的嫡出老四朱友貞看不下去了，以討逆為名殺了朱友珪，當上了皇帝。朱友貞的結局也不吉，龍德三年（西元 923 年），後唐始主李存勗攻入後梁都城開封，危情之下，朱友貞沒有勇氣自殺，而是選擇了他殺，命令部將把自己搞死了，這也堪稱史上一奇了。

上面說了，開國皇帝非正常死亡的比較少，正史上有明確記載被他殺的是西夏第一代皇帝李元昊。李元昊（西元 1003—1048 年），是党項族人，父親李德明受宋封為大夏國王。北宋仁宗趙禎當政時的明道元年（西元 1032 年），李德明死了，李元昊以太子身分嗣位。景祐四年（西元 1038 年），李元昊稱「吾祖」（皇帝），國號大夏，定都興慶府。殺李元昊的不是別人，是太子寧凌噶。

李元昊稱帝後，還是很想有所作為，也取得不俗的政績。但他晚年沉湎酒色，好大喜功，導致朝廷腐朽，最後眾叛親離。直接給他引來殺身之禍的是一個「色」字。與唐玄宗李隆基、後梁太祖朱全忠一樣，他看上了自己的兒媳婦，霸占太子的妻子為「新皇后」。

西元一〇四八年，寧凌噶進宮行刺了李元昊。李元昊死時四十六歲，廟號景宗，謚號武烈皇帝，葬泰陵。顯然，這起「子弒父」案更多地表現為「父子情殺」，事實也是。但寧凌噶未能當上皇帝，皇位讓李元昊與沒藏氏私通所生的李諒祚順利拿走，寧凌噶成了宮廷鬥爭的犧牲品，後以弒父之罪被處死。

南朝時文帝劉義隆，西元四二四年即位，被太子邵殺掉；

清聖祖玄燁，即康熙皇帝，疑為四子雍正所殺。玄燁（西元 1654—1722 年），這位八歲即位的小皇帝，是大清帝王中最有作為的一位皇帝，開創了「康乾盛世」，也是中國歷史上在位時間最長的一位皇帝，前後六十二年。死後葬景陵。玄燁之死疑因甚多，死前皇位爭奪激烈。最後，胤禛靠舅舅科隆多的權勢，與年羹堯之兵力，得皇位，史稱雍正皇帝。

正史稱，胤禛系是玄燁遺詔繼位，民間則傳，是謀殺玄燁所得。

**四、叔殺**

傳統帝王承繼制是「立長不立幼」、「傳嫡不傳庶」。即使皇帝哥哥死了，弟弟也是不方便當皇帝的，除非特殊。如宋太宗趙光義，就是嗣太祖趙匡胤皇位（但趙光義也有篡位的疑雲）。由於傳統的皇位承繼制度的存在，叔叔只有覬覦的份，由此也導致了宮廷悲劇。

如明成祖朱棣，即是這樣的「叔叔」。太子朱標死後，朱元璋曾動過立朱棣為太子的打算，但考慮到不能亂套，最後還是確立了朱允炆的皇太孫地位。朱棣不甘心，發動靖難兵變，逼得剛當了五年皇帝的朱允炆宮中自焚（一說出家當和尚，不知所終）。

十六國時期的小皇帝張玄靚就是讓他叔叔給殺掉的。

張玄靚（西元350—363年），字元安，十六國時期前涼國君主，桓王張重華的小兒子。前涼和平二年（西元355年），威王張祚被殺，張玄靚被宋混、張琚推為大將軍、涼州牧、西平公，恢復東晉建興年號。東晉興元三年（西元363年），左右政局的叔叔張天錫發動兵變，派兵入宮殺了張玄靚。張玄靚時年僅十四歲，死後被張天錫諡為沖王。

**五、兄弟互殺**

兄弟如手足。但在皇儲「立長不立幼」、「傳嫡不傳庶」

的承繼制下，與叔叔輩一樣，做弟弟的也往往無緣皇位的，即便再有才能，也鮮有可能繼大位。這種制度往往造成手足之間互相殘殺，導演又一齣人倫悲劇。

十六國時，漢皇帝劉淵死後，太子劉和即位。結果弟弟劉聰不甘心，把哥哥劉和殺了，自己當了皇帝。

五代十國時期南漢系殤帝劉玢（西元 920—943 年），西元九四二年，父高祖劉岩死後嗣位。結果第二年被其弟弟晉王劉洪熙殺了，年僅二十四歲。劉洪熙當上了皇帝，史稱中宗。劉玢被殺後，劉洪熙諡之為殤帝，無陵。

與南宋相對峙的金國皇帝、閔宗完顏亶（西元 1119—1149 年），是太祖完顏阿骨打的嫡孫，十七歲時當了皇帝。從小與他一塊長大的庶出哥哥完顏亮（海陵王）有了想法，他能當皇帝我為什麼不能？遂起謀逆之心。皇統九年（西元 1149 年）十二月，完顏亮秘密潛入宮中，與侍臣一道，將完顏亶揮刀砍死了。完顏亶死時三十一歲，葬於思陵。

## 六、母殺

俗話說，虎毒不食子。但在至高無上的皇權的誘惑下，善良的母性也會扭曲變形。中國歷史上的「毒母」不少，如西漢第一皇后呂雉、大唐第一皇后武則天，大清第一皇后慈禧，都是狠毒女人。

母親把當皇帝的兒子殺了的史上有記錄——

南北朝時期的北朝北魏獻文帝拓跋弘（西元 454—476

年），七歲時以皇太子嗣位，生母李貴人被賜死，由時為皇后的馮氏養大。當了十二年皇帝後禪於太子元宏，自稱太上皇。拓跋弘後被「養母」馮太后用毒酒鴆殺。死時二十三歲，葬於雲中金陵。

母親殺兒子可能有傳統的。還是南北朝時期北朝北魏，肅宗元詡（西元 510—528 年），為武宗元恪的第二個兒子，六歲時以皇太子身分嗣位。但母親、太后胡充華權力慾很強，以元詡年幼為由臨朝。後來，乾脆把自己的兒子毒死了，與馮太后的養母身分相比，這可是親生母親啊。元詡死時十九歲，剛剛成年，如此母親，不稱是最毒有失公道。死後，胡太后還發了一點母性，將其設陵安葬，陵名定陵。

**七、妻殺**

有當皇帝的老公應該是女人最長臉的事情，自己可以當皇后，用今天的話來說是「第一夫人」。但也有不安分的，如民婦般要弒親夫。唐中宗李顯就是被自己的妻子韋皇后殺死的。

李顯（西元 656—710 年），高宗李治與武則天所生，一生的天子之運不順。李治死後，二十八歲的李顯以皇太子嗣位，武則天臨朝稱制，自稱聖神皇帝，改國號為「周」。李顯被廢為廬陵王，遷房州（今湖北十堰市），過著軟禁一般的生活。聖曆二年（西元 698 年）被召還東宮，復立為太子。神龍元年（西元 705 年）宰相張柬之乘武則天病重，擁李顯復位，重復國號唐。

本想李顯就此可以平安當皇帝了，但妻子韋皇后不能安分守己。李顯與韋皇后的感情確實很好，當年被廢就是因為口出亂語，稱假如韋皇后的父親韋玄貞願意，可以將天下給他。武則天以此為藉口將他廢黜。李顯重新當了皇帝後，對韋皇后信任有加，如當年李治視武則天一般，允許她同參朝政，還將老岳父封王。但韋皇后不滿足，想學婆婆武則天，過把女皇帝癮，這麻煩就來了，做出了比武氏更狠的事情。

景龍六年（西元 710 年），韋后被指後宮淫亂，擔心李顯追究，遂與安樂公主一起，把毒藥包進餡餅裏，殺死李顯，臨朝攝政。後來，侄子、臨淄王李隆基（睿宗李旦之子，後來的玄宗）將嬸娘韋皇后誅殺了。李顯前後在位共八年，被殺時五十五歲。葬定陵。

**八、父殺**

過去老子殺兒子可以不算犯罪。但在中國歷史上，父親把當皇帝的兒子殺掉的罕見記載，畢竟父皇的地位相對來說是牢固的。更多現象是，皇帝老子把太子殺了，也就是說殺準皇帝。這個舉例很多，就不說了。

不過有件「兒皇帝」的事情想說一下。在五代十國時期，漢人帝王中有一個很丟人的小皇帝。即當時的北漢（西元 951—979 年）第二任皇帝、睿宗劉鈞，竟然稱遼主為父皇帝，自然，遼則稱之為兒皇帝。

劉鈞（西元 926—968 年），十五歲時嗣父劉旻位，竟然也當了十五年的「兒子皇帝」，四十三歲死去。最後是否為「父皇」所殺，還是疑點。劉鈞死後連兒子也沒有，養子劉繼恩嗣位，僅當了六十多天皇帝就被人殺了。

**九、祖母殺**

傳統的親情是「隔代親」，祖孫之情往往勝過父子、母子之情。但奶奶殺掉皇帝孫子的並不是沒有，這事發生在呂雉身上。

呂雉（西元前 241—西元前 180 年），是西漢開國之君劉邦的原配皇后。劉邦死後，他們八歲的兒子劉盈當上了皇帝，史稱惠帝。劉盈年幼，讓呂雉掌握了大權。西元前一八八年，只有二十一歲的劉盈據說在驚嚇之中死了。

呂后便立一個少帝，再臨朝稱制八年。少帝是什麼身世？劉盈無子，為了不讓皇權落入他人之手，呂雉就將一位宮女所生的孩子抱進宮，對外謊稱是劉盈和他的皇后所生，是自己的孫子。

劉盈的皇后是呂雉的親外孫女，即呂雉大女兒魯元公主的女兒。呂雉做事很絕，在少帝大了後，把少帝的生母，就是那個宮女也給毒死了。漸漸懂事的少帝知奶奶殺了自己的母親，心裏不高興，口出怨言。結果這讓呂雉很擔心，感到少帝不聽話不保險，乾脆把少帝毒死，另立同樣年幼的常山王劉義為帝，自己繼續干政。

## 十、外公殺

帝王圖

按照道理，就是再選皇帝，也不能有外公的份，一般人想也不會想的。但在西元五八一年的時候，偏偏就發生了這樣的一件事情，外祖父把皇帝外孫給殺了，自己當了皇帝。

這個「狼外公」就是前面提到過的隋開國之君、高祖楊堅。楊堅（西元 541—604 年），是南北朝時期北朝北周宣帝宇文贇的老丈人，即皇后楊氏之父。西元五七九年二月，宇文贇自稱天元皇帝，讓位只有七歲的太子宇文闡，史稱靜皇帝。由於宇文闡年幼，讓楊堅當輔臣，輔佐朝政，封他為莊大相，假黃鉞，進爵隋王，總攬朝政。

楊堅這還不滿足，西元五八一年二月，直接把宇文闡給廢了，逼外孫禪位，封其為介公，三個月後宇文闡死了，葬於恭陵，北周就此滅亡。四十一歲的楊堅自立國號隋，就此中國有了歷三十八年的隋朝。隋朝與第一個封建王朝秦朝很相似，也歷三代而亡，君王多未得好死。楊堅六十四歲時，讓兒子楊廣給殺了，死後葬太陵。

## 十一、岳父殺

與外祖父的關係一樣，作為岳父的外戚也是與當皇帝不搭界的。但在西漢末年，讓王莽逮住了一個機會，把女婿殺了，過了二十三年的皇帝癮。

王莽（西元前45—西元23年），漢平帝劉衎的岳父。西元前一年，二十五歲的漢哀帝劉欣死了。劉欣無子，時為重臣的大司馬王莽說服自己的姑姑王太后，迎立只有九歲的劉衎為帝，史稱平帝。

為了加強自己的地位，再次遊說太后，要劉衎娶自己的女兒為媳婦，也就是立她為皇后。只有十二歲的王氏遂與劉衎成婚，王莽當上了「國丈」之後，女婿劉衎不滿王莽的獨裁，矛盾加深。王莽遂限制其行為，強化控制，連他的母親衛姬都不讓見，還將劉衎的舅舅一家殺掉，阻止其他外戚勢力的形成，以免威脅自己。

劉衎心中更加不滿，王莽越發擔心日後難以控制局面，索性毒死小女婿，立兩歲的劉嬰為帝。僅有十四歲的女兒成了皇太后，這大概也是中國歷史上年齡最小的皇太后了。在這種情況下，太皇太后王氏只好讓王莽代天子朝政，稱「假皇帝」或「攝政皇帝」。

攝政三年之後，西元八年，五十四歲的王莽直接廢了劉嬰，自立為帝，改國號「新」，史稱「王莽篡漢」。王莽也因此成了中國封建帝王中第一位通過篡位當上皇帝的人。

從歷史的發展來看，王莽當皇帝顯然比乳臭未乾的劉嬰合適，西漢後期王莽也為穩定劉家天下作出了貢獻。當了皇帝後，王莽進行了一系列改革，史稱「王莽新政」。但也引起了貴族勢力的強烈不滿。加上對邊防處置失策，國內賦役繁重，刑政苛暴。又遇黃河改道，天災加人禍，政局動盪。天鳳四年（西元 17 年）赤眉軍、綠林軍起義。地皇四年（西元 23 年）綠林軍攻入長安，混亂中王莽被殺，新朝滅亡。

**十二、兵殺**

帝王多是馬上得天下，兵士在打江山的過程中，是絕對主導力量。從本質上來說，兵權即皇權，皇權即兵權，沒有軍隊想當穩皇帝是不可能的。但兵士可以幫自己打天下，也能讓自己成了馬下冤鬼，被兵弒的皇帝也很常見。

隋煬帝楊廣就是被部將宇文化及所殺。楊廣（西元 569—618 年），高祖楊堅的次子，又名楊英，西元五八一年封為晉王，在南下滅陳和抵禦北方突厥的過程中，立下大功，為楊堅賞識，在太子楊勇被廢後當了太子。西元六〇四年七月，三十六歲的楊廣謀殺了楊堅，當上皇帝。

楊廣是中國歷史上出名的荒淫皇帝之一。繼位後，他大興土木，每月役使兩百萬人營建洛陽。又用了約一億五千萬人工開鑿「京杭大運河」，供其去揚州作樂。當年，自洛陽到江都（今江蘇省揚州市），共設置了四十多座行宮，身邊的美女如雲，整日花天酒地。由於無止境的徭役和兵役，加上碰到災年，民眾不滿其統治，紛紛起義，最後，楊廣帶著蕭皇后和大批宮女美人，逃到了江都。

大業十四年（西元 618 年）三月三日，其禁衛軍兵變，右屯衛將軍宇文化及傍晚時殺入宮中。楊廣與蕭皇后出逃被捉，叛軍要取其頭顱，楊廣選擇服毒，稱要留全屍。服毒未成，被兵士勒死，滿足了他留全屍的願望。死後草葬於江都宮，遺跡至今尚存。

金國皇帝、海陵王完顏亮也遭遇了與楊廣一樣的結果。正隆六年（西元 1161 年），海陵王與南宋作戰敗逃途中，讓自己的部下殺死了，終年四十歲，當了十三年皇帝。海陵王屍體運回來後始葬北京九龍山金帝陵區內，後被遷出草葬。

## 十三、俘殺

中國歷史上，堂堂一國之君被外族捕俘的不是一個人兩個人，最著名的就是明英宗朱祁鎮了，於正統十四年（1149年）在土木堡之戰中被瓦剌生俘。但很幸運，朱祁鎮保住了一條命。被放回的朱祁鎮在九年後，竟然還能重新當上了皇帝，但更多的情況下，皇帝俘後都會被殺掉。

另一個被俘名人是宋徽宗趙佶。這個皇帝很有藝術天賦，如果不是當皇帝，應該是史上傑出的文人之一，平生著作極多。存世畫作尚有《芙蓉錦雞》、《池塘秋晚》、《四禽》、《雪江歸棹》、《桃鳩圖》等，如今都成了天價文物，還有詞集《宋徽宗詞》。由於皇帝喜歡舞文弄墨，趙佶當政時文藝繁榮，著名的《清明上河圖》即為此時繪就，敬獻於他。

靖康二年（西元 1127 年），趙佶被金兵俘走。被俘後受盡凌辱，宮內女人也都被兵士要求強行發生性關係，或妻或妓。自己的愛妃王婉容也未能保住，被金兵奪走姦汙。後來死於五國城，葬永祐陵。

西晉時湣帝司馬鄴（西元 300—317 年），西元三一三年十四歲時即位，四年後，匈奴人劉曜進攻都城長安時，司馬鄴出城降順，後被十六國時期漢王劉聰所俘殺。

十六國時期南燕慕容超（西元 385—410 年），西元四〇五年承繼父慕容德皇位。四一〇年南燕為東晉劉裕打敗，慕容超被俘送於建康（今南京）殺掉。南燕僅歷十四年滅亡。

十六國時期夏系赫連昌（西元？—428 年）、赫連定（西元？—431 年）兄弟倆，先後稱帝，分別當了四年皇帝。先後被北魏生俘。赫連昌被俘後，北魏很客氣，封其為秦王，西元四二八年將他殺了。

南北朝時期北朝北齊系，後主溫公高緯、高恒，是父子關係。西元五七七年，北周攻陷都城鄴（今河北臨漳西南），父子先後被俘，同月被賜死。

上述十三種「殺法」，就是中國古代帝王非正常死亡中「他殺」的十三種現象。當然，實際上遠不只這些，即使上面所提到的，也不全面。

最後想說的是，從所有「殺法」來看，最危險的因素往往來自家庭內部、親戚之間，「堡壘最容易從內部攻破」。

《搗練圖卷》描繪宮中婦女加工白練，依次為搗練、織修與熨平。

# 成吉思汗是西夏王妃害死的嗎

成吉思汗給後世留下的諸多謎團，吊足了無數人的胃口。其中，最具魅力的歷史懸念都是與死有關：一是怎麼死的？二是死了葬哪？

這裏，說說成吉思汗是怎麼死的。

## 成吉思汗之死：「病死說」

依明太祖朱元璋稱帝當年（西元 1368 年）年底即下詔纂修的《元史》記載，成吉思汗的死因很簡單，病死的：「（西元 1227 年）秋七月壬午，不豫。己丑，崩於薩里川哈老徒之行宮。」

《元史》總編輯、一代大文臣宋廉，僅僅用了二十個字，

成吉思汗像

元世祖后圖

就交代清了一代天驕「崩」的過程。但，文字看似言簡意賅，實則語焉不詳，因此後世一直想弄個明白，成吉思汗到底怎麼死的。

關於成吉思汗的死因，大概有五種。

其中最正統的，也為更多人知道的，就是《元史》中採信的「病死說」。

蒙古人撰編的《元朝秘史》（卷十四）記載：

> 成吉思汗既住過冬，欲征唐兀。重新整點軍馬，至狗兒年秋，去征唐兀，以夫人也遂從行。冬間，于阿兒不合地面圍獵，成吉思騎一匹紅沙馬，為野馬所驚，成吉思汗墜馬跌傷，就於搠斡兒合惕地面下營。次日，也遂夫人對大王並眾官人說：「皇帝今夜好生發熱，您可商量」。

「唐兀」，是當年蒙古人對西夏人的叫法；「狗兒年」，是宋理宗寶慶二年（西元 1226 年）。這裏交代一個史實，成吉思汗於一二二六年秋天，帶著夫人也遂去征討西夏國。冬季時，在一個叫阿兒不合的地方打獵。不想他騎的一匹紅沙馬，被一匹野馬驚嚇了，導致成吉思汗墜落馬下受傷，當夜就發起了高燒。一二二七年七月「不豫」，病根即在此。為什麼一次墜馬傷重成這樣？據說是流血太多。

當時，也遂請隨從的將領商議這事怎麼辦，有人建議反正西夏城池都在，一時半會也逃走不了，乾脆回去養傷，等好了再來攻打。成吉思汗一生要強，心想如果這樣回去會讓西夏人笑話。也該他魂斷西夏，成吉思汗派員去西夏國探聽情況時，正好西夏一叫阿沙敢不的大臣譏笑他，稱有本事你就來過招。

成吉思汗聽說後，表示寧死不退兵，遂挺進賀蘭山，將阿沙敢不滅了。但此後，成吉思汗的傷病一直未好，反而加重，到一二二七年農曆七月十二（今陽曆 8 月 25 號）病死了，時虛歲六十七。如果當時成吉思汗回去了，這病根子就不會落下了。

## 成吉思汗之死：「雷擊說」

「雷擊說」，這種說法比較離奇。

出使蒙古的羅馬教廷使節約翰·普蘭諾·加賓尼在其所著文章中透露，成吉思汗可能是被雷電擊中身亡。約翰·普蘭諾·加賓尼當時到達蒙古國時，發現夏天的雷電傷人事故頻發，「在那裏卻有凶猛的雷擊和閃電，致使很多人死亡」。

因為這原因，當地人很怕雷電。南宋彭達雅所著《黑韃事略》記載，「韃人每聞雷霆，必掩耳屈身至地，若躲避狀」。

約翰·普蘭諾·加賓尼為葡萄牙人，出使中國的確切時間是西元一二四五～一二四七年，由教皇諾森四世派遣而來，回去後向教皇提交了題為《被我們稱為韃靼的蒙古人的歷史》出使報告。約翰．普蘭諾．加賓尼來時距成吉思汗死亡只有十八年，比馬可．波羅早三十年，記敘並非空穴來風。

## 成吉思汗之死：「中毒說」

「中毒說」這種說法，來源於《馬可．波羅遊記》。馬可．波羅是十三世紀義大利商人，於一二七五年到達中國。其時正是元世祖忽必烈當政時間，他與元朝有過十七年的交往。其在遊記中記敘的成吉思汗的死因：在進攻西夏時圍攻太津（吉州，古要塞）時，膝部不幸中了西夏兵士射來的毒箭。結果可想而知，箭毒攻心，傷勢益重，一病不起。

但民間另有傳說，成吉思汗是「中毒」而死，但卻不是中了西夏兵士的毒箭，而是讓被俘虜的西夏王妃古爾伯勒津郭斡哈屯下了毒，當時這位西夏王妃乘陪寢之機行事的。

## 成吉思汗之死：「被刺說」

「被刺說」這種說法與上面說的被俘西夏王妃古爾伯勒津郭斡哈屯有關，是下毒說法的另一種版本。在蒙古民間傳，成吉思汗的軍隊進攻西夏的過程中，兵士俘虜到了很漂亮的西夏王妃古爾伯勒津郭斡哈屯，進獻給成吉思汗。

就在陪寢首夜，這位西夏王妃行刺了放鬆警惕性的成吉思汗。被刺一說，源於成書於清朝康熙元年（西元 1662 年）的《蒙古源流》。此書很珍貴，一百年後，即一七六六年蒙古喀爾喀部親王成袞扎布作為禮物，將此書手抄本進獻乾隆皇帝。

乾隆令人將其譯為滿、漢兩種文本，並題書名《欽定蒙古源流》，收入《四庫全書》。應該說，成吉思汗被刺一說是有很高的可信度的。

## 成吉思汗之死：「生殖器被咬說」

「被咬掉生殖器說」這種說法，既未見於正史，野史也沒有記述，但在蒙古族人中間卻有流傳。

這一風流事件中的「凶手」，也是西夏王妃古爾伯勒津郭斡哈屯這位美麗女人。傳說，這位王妃被獻給成吉思汗後，成吉思汗要她做他的妃子，王妃表面同意了。但不甘受辱，集家仇國恨於一身的王妃在陪寢當天夜裏，借行房時成吉思汗正在興頭之機，將他的陰莖給咬掉了，頓時血流如注。一個長年在外征戰的六十七歲老人，哪遇到過這種事情，又哪經得起這樣的折騰，羞恨交加，遂致病重。因為這是一件發生在帝王身上的特大醜事，就被瞞了下來，對外只稱大汗是墜馬受傷致病重。本來就不想活的西夏王妃，自知成吉思汗不會放過她，跳黃河自盡。

此說荒誕不經，但細分析一下還是有道理。如果成吉思汗真是死於西夏王妃之手，那麼行刺和下毒都是不具備條件的，陪寢時乃裸體，何處藏帶凶器和毒藥？即使帶有凶器和毒藥，作為一個被俘之人也是要搜身的。在這種情況下，兩手空空的王妃最致命的暴力行為自然是「咬」了——咬男人的要害處。這個傳說夠得上帝王風流故事中的極品了，真算是「風流死」！

## 成吉思汗是個「播種機」

在幾十年的南征西進中，每到一地，成吉思汗和他的手下，必奪搶女人，帶著一副生殖器處處留情，後代子孫無數，被史學界戲稱為「播種機」。

據估算，在世界上有一千六百萬的男子與成吉思汗有血緣關係。而成吉思汗對女人如此嗜好，大概是一種「遺傳」。當年，蒙古族有搶人家女人的習慣，把女人看作是一種財物。成吉思汗的母親就是其父親也速該搶來的，在今天看來就太流氓了。

有一次也速該在斡難河邊放鷹，篾兒乞惕人也客赤列都帶著美麗的妻子從旁邊經過。也速該一見少婦的美貌動心了，立即攔下也客赤列都的馬車搶人。見情況不對，本想拚命的也客赤列都丟下妻子逃走了。這個少婦就是成吉思汗的母親、後來的宣懿太后月倫。

《西夏王妃供養圖》

成吉思汗的妻子叫孛兒帖，則被其母親前夫所在部落搶過，後來給奪了回來。成吉思汗與孛兒帖的婚姻很有意思。按照當時蒙古族的風俗，也速該便帶九歲的成吉思汗去他母親所在部落「索女」，即給兒子討媳婦。

走到半路上碰到了孛兒帖的父親德薛禪，聽說此事後，再看看成吉思汗面相不凡，是個美少年，德薛禪便對也速該說，家裏有一個年方十歲的小女，希望成為親家，請也速該去看看是否中意。到德薛禪家一看，也速該滿心喜歡。

過了一宿，次日德薛禪要也速該把成吉思汗留下當女婿，也速該同意了，並從隨來的馬中挑了一匹最好的做為定禮。也速該臨走時留下一句話，「我兒子怕狗，休教狗驚著。」一代馳騁疆場的英雄漢子，小時候卻怕狗，這恐怕是很多人不會想到的。就在也速該留下兒子獨自離開的路上，被仇家、塔塔兒人給毒死了。

## 成吉思汗遭受血光之災的迷信說法

成吉思汗名叫鐵木真，也有稱帖木貞、忒沒真。這個名字本是也速該戰爭對手的名字，《元朝秘史》（卷一）記載：

（約 1162 年）與塔塔兒廝殺時，也速該把阿禿兒將帖木真兀格、豁里不花等擄來……於斡難河邂難河邊里溫孛勒答黑山下，生了太祖。太祖生時，右手握著髀石般一塊血，生了。因擄將帖木真兀格來時生，故就名帖木真。」《蒙韃備錄》稱，所傳「忒沒真」乃小名爾，初無姓氏，也無名諱。

《元朝秘史》這段記載，成為後世學者研究元史的重要史料。鐵木真出生時也有神奇出現，手裏竟然捏著一塊血塊，血塊如一塊紅色的石頭一樣。因為出生時鐵木真是帶血的，迷信就認為，將來會給人類帶來血光之災。

在搶回妻子孛兒帖的過程中，成吉思汗一下子屠殺了三百多名也客赤列都部落的人。一一八三年，只有二十二歲的鐵木真被推舉為「可汗」，靠的就是連年征戰和鐵血統治，抓到對手就殺。鐵木真一生殺人無數，每到一地如割韮菜一般，瘋狂砍人頭。

在隨後的戰爭中，屠城是他慣用的征服手段。有一次，成吉思汗率二十萬大軍征討中亞國家花剌子模，打下鹹海邊的玉龍赤杰時，一下子就殺了一百二十萬人，用這種方法，好多西域、中亞國家讓他滅掉了。

但成吉思汗給人類帶來血光之災時，他自己也沒有逃脫掉。不論是正史所說的墜馬大出血致病，還是民間所傳的被西夏王妃咬掉生殖器流血過多而亡，都沾滿了「鮮血」。迷信會認為，這與他降生時手捏血塊有一種因果。

《四景山水圖卷》（南宋）

# 帝王「不老藥」到底為何藥

皇帝古稱天子，乃天的兒子也。帝王們最大的心願，就是與天齊壽，希望與傳說中的玉皇大帝一樣長生不老，於是專供皇帝服食的仙丹就出現了。

仙丹真的可以使人長生不老？到底是什麼玩意？前一個問題早已被歷史證實，屬無稽之談。而後者，至今是謎，並沒有哪一位研究者能真正清楚，儘管有化學專家在研究論文中稱破譯了「仙丹」的成分，但並無實物或考古發現可以證明之。

## 秦始皇尋找長生「不老藥」

《史記·秦始皇本紀》（卷六）記載了一件事：「既已，齊人徐市等上書，言海中有三神山，名曰蓬萊、方丈、瀛洲，仙人居之。請得齋戒，與童男女求之。於是遣徐市發童男女數千人，入海求仙人。」

此事發生在秦始皇二十八年，即西元前二一九年。徐市也叫徐福，為當時著名的方士。嬴政（秦始皇）派他帶著數千童男童女去海上尋找仙人，目的就是為了找到「不老藥」，即可保長生不老的仙丹（仙藥）。

但徐市並沒有完成任務，嬴政也並沒有長生不老。秦始皇三十七年（西元前210年）七月，「始皇崩於沙丘平台」。沙丘平台，在今河北省邢台市境內。當時嬴政正出行在外，

五百羅漢 · 應身觀音 · 周季

屬意外死亡，史學界一直懷疑其是被趙高謀殺。

徐市沒有找到不老藥，卻引出極具歷史懸疑的故事，即隨徐市去的數千童男童女，不敢回國，後東渡上了日本島，成了日本人的祖先。此是後話，這裏不表。

當時，徐市找了好多年也沒有找到仙丹，心裏害怕，不敢回來。他告訴嬴政說，蓬萊那裏有魚怪，靠不上岸。顯然這是徐市的騙人謊話，但嬴政信以為真，還派箭術高超的人去海上射殺。史書上是這樣說的：「方士徐市等入海求神藥，數歲不得，費多，恐譴，乃詐曰：『蓬萊藥可得，然常為大鮫魚所苦，故不得至，願請善射與俱，見則以連弩射之』。」

## 古代皇帝服用仙丹的紀錄

徐市沒有找到不老藥，但中國古代方士煉丹現象卻不絕，歷朝歷代的皇帝也都有服用「仙丹」的紀錄。比較著名的有——

《資治通鑑．晉紀二十三》（卷 101）：「帝信方士言，斷穀餌藥以求長生。」這裏的「帝」，指晉哀帝司馬丕。司馬丕，廟號為「哀皇帝」。真是號如其人，二十五歲即服食丹藥中毒而死亡。當時，他身邊的人都很反對他服用，「侍中高崧諫曰：『此非成乘所宜為；陛下茲事，實日月之食。』不聽。辛未，帝以藥發，不能親萬機，褚太后復臨朝攝政。」

《資治通鑑．唐紀五十七》（卷 241）：「上服金丹，多躁怒，左右宦官往往獲罪，有死者，人人自危。」這裏的「上」，是唐憲宗李純。

《資治通鑑．唐紀五十九》（卷 243）：「初，柳泌等既誅，方士稍復，因左右以進，上餌其金石之藥」，這裏的「上」，是唐穆宗李恒。

《資治通鑑．唐紀六十四》（卷 248）：「上餌方士金丹，性加躁急，喜怒不常」，「上自秋冬以來，覺有疾，而道士以為換骨」。這裏所指的「上」，是唐武宗李炎。其服食的金丹（仙丹），即為道士所煉。

《資治通鑑．唐紀六十五》（卷 249）：「時上餌方士藥，已覺躁渴，而外人未知，疑忌方深，聞之，俯首不復言。」這裏的「上」，是唐宣宗李忱。

《明史·世宗一》（本紀第十七）：「八月丁丑，太僕卿楊最諫服丹藥，予杖死。」大臣楊最勸諫明世宗朱厚熜不要服食丹藥，竟然遭杖刑而死。

《明史·神宗二》（本紀第二十一）：「是日，鴻臚寺官李可灼進紅丸」，李可灼進仙丹的對象是明光宗朱常洛……

## 仙丹的成分包括哪些物質

帝王們如此迷戀仙丹，那這仙丹到底都是些什麼東西？漢人桓寬所著的《鹽鐵論》中有「仙人食金飲珠，然後壽與天地相保」一說，可見仙丹裏面含有金、銀、珠寶類物質。

《神農本草經》的記載更證實了仙丹裏多是一些玉石成分。

其中被列為上品的可煉成仙丹的物質有：玉泉、丹沙、水銀、空青、曾青、白青、雲母、樸消、消石、礬石、滑石、紫石、白石英、青石、赤石、黃石、白石、黑石脂、太一禹餘糧、禹餘糧、雄黃等，多達二十一種。

這些物質在今人看來，不過是一些普通的藥用物品，有的甚至有劇毒，但古代的方士卻將之當成秘方，煉製給帝王們服食。

丹沙，是古代仙丹中最主要的成分之一，現代科學證明是一種含有汞這類元素的礦物質。但古人卻視之為寶，《神農本草經》稱，「丹沙味甘微寒。治身體五臟百病。養精神、安魂魄、益氣、明目，殺精魅邪惡鬼。久服通神明不老」。

古代「仙丹」裏的另一味重要成分是「水銀」，即化學物質汞（Hg），有劇毒。嬴政當年營造陵寢時，即在陵中注入水銀以防盜。中國傳統醫學認為，「水銀主治疥瘙痂瘍百禿，殺皮膚中蝨虱」，還將之作為打胎藥來使用。

古代的煉丹術士另有發現，認為水銀能「殺金銀銅錫毒，熔化還復為丹，久服神仙不死」。《神農本草經》上所列的可長生不老的玉石還有——

玉泉，又名玉札，味甘平。主治五臟百病。柔筋強骨、安魂魄、長肌肉、益氣，久服耐寒暑，不飢渴，不老神仙。玉泉還有特別功能，被古人用來作為屍體防腐劑，一般在臨死前吞服，「臨死服五斤，死三年色不變」。

空青，主治青盲、耳聾。明目，利九竅，通血脈，養精神。久服輕身延年不老。

曾青，味酸小寒。主治目痛，止淚出，風痹，利關節，通九竅，破癥瘕積聚。久服輕身不老。

白青，味甘平。主明目，利九竅，耳聾，心下邪氣。令人吐，殺諸毒三蟲。久服通神明，輕身延年不老。

石膽，主明目，金創諸癇痙，女子陰蝕痛，石淋寒熱，崩中下血，諸邪毒氣，令人有子。煉餌服之不老，久服增壽神仙。

雌黃，主治惡瘡頭禿痂疥，殺毒蟲，身癢，邪氣，諸毒。煉之久服，輕身、增年、不老……

用上面這些原料，再配之以輔料，即可煉成所謂的長生「不老藥」。

## 「仙丹」到底是如何煉成的

這類仙藥可製成固體的丸，也可熬成液體。固體即為「仙丹」，液體常稱「還丹金液」，其藥理都是一樣的，這與現代藥品存在固體、液體兩種形態是相一致的。

「仙丹」到底是如何煉成的？從古書上記載的「燒之愈久，變化愈妙」說法來分析，是採用高溫燒煉，或是採用能起化學反應的物質，使之變性，從而產生新的物質，即可得到所謂的「仙丹」。

仙丹分為九類，其中上上品為「丹華」。煉成丹華的過程是這樣的，晉朝著名科學家葛洪在其所著的《抱扑子》一書有詳細記述：

> 當先作玄黃，用雄黃水、礬石水、戎鹽、鹵鹽、礜石、牡蠣、赤石脂、滑石、胡粉各數十斤，以為六一

泥，火之三十六日成，服七日之仙。又以玄膏丸此丹，置猛火上，須臾成黃金。又以二百四十銖合水銀百斤火之，亦成黃金。金成者藥成也。金不成，更封藥而火之，日數如前，無不成也。

從上面的文字來看，這不是製藥，倒像煉金煉銀了，難怪有相關專業人士稱，中國古代最早的冶煉技術即起源於煉丹。

據說，服食了這類仙藥後，哪怕是少量的試服，都起神效，活到兩三百歲不成問題（真假就不知道了），難怪連吳承恩《西遊記》中的孫悟空也要偷食太上老君的仙丹。古人認為「煉人身體，故能令人不老不死。此蓋假求於外物以自堅固，有如脂之養火而不可滅，銅青塗腳，入水不腐，此是借銅之勁以扞其肉也」。

古人稱，「服金者壽如金，服玉乾壽如玉」。《抱朴子・仙藥》稱：「夫五穀猶能活人，人得之則生，絕之則死，又況於上品之神藥，其益人豈不萬倍於五穀耶？」

這句話的大概意思是，五穀雜糧都能讓人活著，有糧食吃則生命不息，沒有糧食吃則會餓死。而仙丹是上品神藥，對人體的好處不是比糧食好上萬倍？

中國古代醫學以草藥為主，一般人並不相信仙丹可以保人長生不老，當時的術士為了證明自己煉出的仙丹有神效，稱「草木之藥，埋之即腐，煮之即爛，燒之即焦，不能自生，何能生人乎？」

這些話聽起來頗有幾分道理，實際上是極不科學的，如果現代的打假學者方舟子生在其時，大概又要批其為偽科學了，呵呵。這種長生不老的原理實質是歪理謬論！

## 嗜食仙丹的帝王多不得好死

據現代學者研究，中國古代的煉丹術出現於戰國時期，至遲不會晚於秦。

當時的人們認為，只要弄到仙丹這種「不老藥」就能成為與神仙一樣的人，永遠不死，「黃金可成，而河決可塞，不死之藥可得，仙人可致也」。

所以，古代的中國帝王們對仙丹情有獨鍾，青睞有加。雖然沒有資料可以證實中國的帝王們服食仙丹這些增壽藥物不如服食壯陽藥那樣普遍，但可以肯定服食丹藥的帝王不是少數，特別是唐朝中後期皇帝，多為仙丹癡迷。

事實上，凡有資格有條件服食仙丹者，如大大小小的皇帝，結局都不是很好的。不少皇帝不只壽未增添，生命沒有保障，連生存品質都受到影響，大打折扣，在皇家那麼好的物質條件下卻不得善終，早早送了命，有的甚至很悲慘，出現非正常死亡現象。

除了唐朝中毒身亡的皇帝，大明王朝的皇帝也與大唐帝王一樣的貪心，後果也差不多。

## 東吳皇帝孫休死時「口不能言」

在中國歷史上，帝王們因為服用「仙丹」而中毒死亡的事例還有很多。如三國時期吳國皇帝孫休，史學界便疑其是因服食仙丹中毒而死。

西晉人虞溥撰寫的、以孫吳為主要內容的史書《江表傳》（原書已佚，《三國志》裴松之注引）所記，孫休臨死前話都不能說，「休寢疾，口不能言，乃手書呼丞相濮陽興入，令子出拜之……」可見孫休中毒之深。

## 北魏皇帝拓跋珪死因試毒

拓跋珪（西元 386 ～ 409 年在位）是北魏開國皇帝，鮮卑族人。少有大志雄心，西元三八六年時趁北方政局不穩、前秦滅亡之機，代國稱王，改國號為「魏」。西元三九八年遷都平城（今山西大同市），自稱皇帝。即位初年，勵精圖治，擴張疆土。但在政權穩固後，荒淫好色，剛愎自用，內部分裂，最後被他兒子拓跋紹殺死了。

而這一殺身之禍就是因為拓跋珪服食丹藥中毒，致精神失常所致。

北宋畫家李公麟 十八羅漢圖之一

拓跋珪信奉道教，對長生不老的「仙丹」情有獨鍾，妄想長生不老。於是有個叫董謐的臣子投其所好，獻上《服餌仙經》。得到此書後，拓跋珪如獲至寶，設專職人員煉仙丹，煉成後，他先讓死囚試服，查驗是否有毒，結果試服的囚犯全中毒死亡。但拓跋珪執迷不悟，仍不斷派人尋找「不老藥」。

這就是《資治通鑑・晉紀三十三》（卷 111）記載的：

儀曹郎董謐獻《服餌仙經》，置仙人博士，立仙坊，煮煉百藥，封西山以供薪蒸。藥成，令死罪者試服之，多死，不驗；而猶信之，訪求不已。

後來，道士煉成了仙丹「寒食散」，拓跋珪開始服用時，覺得效果不錯，陽氣上來，性慾大增。「寒食散」是秦漢時期就開始流行的一種丹藥，性燥熱，這實質是一種壯陽藥。服後須進行冷浴，散熱，或是服冷食、飲溫酒「散發之」，不然有副作用。

初服時由太醫令陰羌指導，還問題不大，但在陰羌死後，拓跋珪隨便服用，結果中毒症狀出現了，且越來越嚴重。最後喜怒無常、疑神疑鬼，對誰也不相信，整日整夜一個人在那說胡話。

對前來的朝臣，一看不順眼便欲殺掉，被拓跋珪打死的人，屍體就放在宮殿前。今要殺這個，明要殺那個，搞得朝野上下，人心惶惶。天賜六年（西元 409 年）拓跋珪要殺皇后賀蘭氏，十六歲的兒子拓跋紹聽說母親要被殺，夜裏，他與手下及宦官和宮女串通好，翻宮牆頭進入拓跋珪睡覺的天安殿內，將拓跋珪殺死。

拓跋紹後被皇太子拓跋嗣所殺，這是後話。作了一位開國皇帝，竟遭親子謀害，原因不會單純，但如果拓跋珪不嗜仙丹，就不會中毒致精神失常，也就不會有這些禍害，丹藥害人不可謂不深。

## 明世宗朱厚熜食「含真餅子」

朱厚熜在未當皇帝前即喜歡煉丹修仙，不好好當皇帝卻將心思全花在如何成仙上面。

朱厚熜廣招術士，遍徵妙方，在宮中設齋醮。當時術士所進獻的秘方和煉丹術五花八門，其中有一種「紅鉛」煉法最為流行，是將處女月經與藥粉拌和，焙煉成辰砂。

還有一種「含真餅子」，也是朱厚熜特別推崇的長生不老藥，就是取用小孩剛生下時含在嘴裏的血塊作為主要成分。

為了及時採到處女的經血，道士便用藥物催經，不少女孩因此失血過多，有的甚至出現血崩丟了性命。方士稱，煉丹所用的水得是露水，朱厚熜便令大批宮女一大早到外面採露水，其苦不堪言。

在這種情況下，宮女們聯合起來，乘朱厚熜熟睡時將他勒死。此即「壬寅宮變」。但由於宮女太緊張，將繩索繫成了死結，僅將朱厚熜勒了半死，這才撿回了一條命。

## 明光宗朱常洛當皇帝二十九天斃命

至於明光宗朱常洛則死得最慘，僅僅當了二十九天皇帝，就讓丹藥給毒死了。

萬曆四十八年（西元 1620 年）七月，明神宗朱翊鈞病死，遺命封鄭貴妃為皇后。八月初一，皇太子朱常洛繼位，改元泰昌，史稱明光宗。朱常洛當了皇帝後，鄭貴妃為了取悅新帝，採取「美人計」，從侍女中挑選了八名能彈會唱的美女獻給朱常洛。鄭貴妃又拉攏朱常洛的寵妃李選侍，各自請封皇太后和皇后之號。

剛當了皇帝的朱常洛，笑納八位美女於後宮，夜夜幸樂，本來身體就不好，過度的性生活讓他身體更加虛弱，連臉色都變了，一下子病倒了，連四十歲生日也未能過上。

時為鴻臚寺丞的李可灼自稱有仙丹妙藥可治帝疾，此藥為紅色，以鉛為主，以參茸為副，俗稱「紅丸」。當時朝臣勸皇帝不要服用。朱常洛求生的願望十分強烈，怕死，便決計服用。第一粒下肚後，果然起效，四肢不再發涼，也想吃飯了。於是又服食了一粒，結果當時就虛脫了，次日凌晨即亡。

此事件史稱「紅丸案」，有人分析是遲遲未得皇太后封號的鄭貴妃指使李可灼幹的，但並無真憑實據，紅丸案與梃擊案、移宮案一樣，成為明宮三大疑案之一。

# 唐皇嗜仙丹接連中毒之謎

在中國古代帝王中，喜食「不老藥」的皇帝很多。但是藥三分毒，仙丹更是毒，嗜食仙丹，無異於嗜毒。

在中國歷史上，因服食「不老藥」這類仙丹中毒身亡的皇帝不少。最值得注意的現象是堂堂大唐王朝的皇帝們對「仙丹」的特別嗜好。包括唐太宗李世民、唐高宗李治、唐憲宗李純、唐穆宗李恒、唐武宗李炎、唐宣宗李忱等多位皇帝，都曾因為服用所謂的仙丹中毒，把命給丟了。

唐朝皇帝的祖宗——老子李耳

唐皇服食丹藥竟然接連中毒，導致死亡。

## 李世民迷信「洋仙丹」慢性中毒

唐太宗李世民是中國歷史難得一見的有為皇帝，可以說，是他一手奠定了中國封建時代最輝煌期——唐代。

這麼一位傑出帝王，卻是慢性中毒而死。

據《舊唐書·太守本紀三》（卷3）記載，貞觀二十三年

（西元 649 年）四月，「上崩於含風殿，年五十二。」所記很簡單。李世民的具體死因，傳統認為是死於痢疾。實際並不這樣。

《資治通鑑・唐太宗貞觀十九年》（卷 198）記載，西元六四五年，李世民親駕東征高麗（今朝鮮），平定叛亂。十二月初七那天，發現身上長了癰瘡，疼得連馬都不能騎，只好讓人用轎子抬著走。一週後病情加重，跟隨而行的太子李治親自用嘴把毒瘡內的膿吸出來，這才好轉一些。

一般服用丹藥，身上都會生癰瘡。道家辯稱這是丹藥排毒見效的標誌，實則是中毒症狀。後來中毒死掉的唐宣宗李忱，也是這種情況。

就是貞觀十九年這次東征，李世民身體慢慢不行了。此後，在宮中一直調養，但病情時好時壞。

而之前，李世民就迷信丹藥，曾召來不少道士為他煉製長生「不老藥」。病急亂投醫，健康惡化的李世民，這下對丹藥更加依賴。

貞觀二十二年（西元 648 年），西征的唐軍抓住了一個天竺（今印度）方士，名叫那邇娑婆寐，自稱已活了兩百歲，有長生不老之術。李世民十分高興，「太宗深加禮敬，館之於金飆門內。造延年之藥」，希望能得到「洋仙丹」——所謂「胡僧藥」。

李世民令兵部尚書崔敦禮監督煉製「不老藥」，「發使天下，采諸奇藥異石，不可稱數。」花了年把時間才煉成丹藥，但李世民服用多粒後，卻不見療效，後來把那邇娑婆寐放回了印度。

至死前，李世民一直改服本土道士煉製的「土仙丹」，結果虛五十二歲那年，死了。

## 唐高宗李治過量吞服仙丹死在洛陽

李世民死後，太子李治繼位，這就是歷史上的唐高宗、著名女皇帝武則天的老公。

李治在位長達三十二年，但他身體一直不好，《舊唐書·高宗本紀》（卷 6）記載，「帝自顯慶以後，多苦風疾，百司表奏，皆委天后詳決」。

顯慶是李治的年號，從西元六五六年開始使用，距其當皇帝僅七年。也就是說，至西元六八三年李治服丹藥中毒死亡，大唐朝政有二十七年時間是武則天把持的。所以，武則天後來權欲旺盛，篡唐易周，與這段「實際皇帝」有直接關係。

為了治好自己的頭暈病（風疾），增壽不老，李治篤信長生之術，令廣徵諸方道術之士，合煉黃白（丹藥的別稱）。孫思邈、葉法善這些當時的著名道士，都曾被李治徵招入宮問藥。

有一次就召來煉丹道士一百多人。二三年內，「化黃金冶丹」，耗資千萬。《舊唐書・葉法善傳》（卷 191）記載，當時葉法善對李治講，「金丹難就，徒費財物，有虧政理，請核其真偽」。意思是丹藥一般人很難煉成的，不要白白浪費錢財，讓人說閒話，要看看這些道士是不是有真功夫。李治接受葉法善的建議，讓葉法善面試進宮道士，結果，一下子發現有九十多個都是冒牌貨，被攆出宮去。

後來，李治又請當時的煉丹名家潘師正、劉道合等道士給他煉丹。潘師正和劉道合都是隱士，劉道合還善「止雨術」，一次李治令他在儀鸞殿前表演，結果，不一會兒雨就停了。李治由此對劉道合大為崇拜。

《舊唐書・劉道合傳》（卷 192）記載，「高宗（李治）又令道合合還丹，丹成而上之。」劉道合於咸亨年間（西元 670 年）死了。後來劉墓遷葬，劉的弟子開棺後發現，劉的屍體只存一層空皮，從背上裂開，就像蟬脫殼一樣。人家都稱這是道家成仙後的「屍解」現象。李治聽說後，不太高興，說「大師給我煉丹，卻自己吃了成仙去」。

因為劉道合成仙了，李治對他敬獻的丹藥療效也就深信不疑，加大了服用量，結果導致急性中毒，死於東都洛陽，未能允他到西安再閉眼，時年五十六歲。

臨死前他還希望多活點時間，「蒼生雖喜，我命危篤。天地神祇若延吾一兩月之命，得還長安，死亦無恨」。

## 唐憲宗李純中毒「暴崩」中和殿

唐憲宗李純服食仙丹中毒不治，純粹是自找死亡。

史界對李純的評價還是非常高的，與唐太宗李世民、唐玄宗李隆基齊名。初當皇帝時，「讀列聖實錄，見貞觀、開元故事，竦慕不能釋卷」，好學勤政，君臣同心，每天在堂上辦公到很晚才回去休息。後期唐朝出現「元和中興」盛景，這與李純的努力是分不開的。

李純對丹藥曾有清醒的認識，稱之「輕懷左道，上惑先朝，醫方不精，藥術皆妄。俱是奸邪，罪當誅殺」。但李純後來並沒有擺脫唐皇嗜丹藥的通病。

李純曾下了詔書，遍找長生不老的偏方，尋方士給自己煉仙丹。一些江湖騙子聞風而動，身邊的臣子也先後向李純推薦煉丹高人柳泌、大通和尚。柳泌自稱四百歲，大通和尚自稱一百五十歲。

李純竟然相信當時方士所謂的「瓦礫變黃金」的秘方。有的方士被嚇跑了，李純還下令通緝。負責其日常生活起居的舍人不放心，因為其之前服食丹藥後「日加躁渴」，所以擔心有意外。

《資治通鑑．唐紀五十七》記載，時舍人裴潾上言，稱：「除天下之害者受天下之利，同天下之樂者饗天下之福，自黃帝至於文、武，享國壽考，皆用此道也。自去歲以來，所在多薦方士，轉相汲引，其數浸繁。借令天下真有神仙，彼必深潛岩壑，惟畏人知。凡候伺權貴之門，以大言自衒奇技驚眾者，皆不軌徇利之人，豈可信其說而餌其藥邪！夫藥以愈疾，非朝夕常餌之物。況金石酷烈有毒，又益以火氣，殆非人五藏之所能勝也。古者君飲藥，臣先嘗之，乞令獻藥者先自餌一年，則真偽自可辨矣。」

裴潾力諫李純不要迷信仙丹，稱可以讓獻丹的人先自己服用一年，到底有無療效就很清楚了。此番老實話，卻激怒了已昏頭的李純，他不僅不聽勸諫，還把裴潾貶了職。以後，沒有人再敢勸諫了。

西元八二〇年，李純「崩於大明宮之中和殿，享年四十三。」李純是服食丹藥過量「暴崩」的，當時外界還認為是遭內官陳弘志弒殺。

## 唐穆宗李恒服丹藥上癮「不回頭」

唐穆宗李恒也與唐憲宗李純一樣，是「找死」。術士給李恒進獻仙丹的當時，身邊人以李純被丹藥毒死一事來勸阻，也反對李恒服食這種藥。

《資治通鑑．唐紀五十九》記載，時處士張皐者上疏稱，「神慮淡則血氣和，嗜欲勝則疾疹作。藥以攻疾，無疾不可餌也。昔孫思邈有言，『藥勢有所偏助，令人藏氣不平，借使有疾用藥，猶須重慎』。庶人尚爾，況于天子！先帝信方士妄言，餌藥致疾，此陛下所詳知也，豈得復循其覆轍乎！」

當時，對術士進獻丹藥一事，「朝野之人紛紜竊議，但畏忤旨，莫敢進言。」結果，丹藥中毒，正值壯年的李恒年僅三十歲就死了。

李恒迷信仙丹的原因很有趣，李恒宮中生活極為奢侈，嬉戲無度，尤其喜愛看戲。有一次，李恒遊華清宮，親自率領神策軍於圍獵後回宮，又馬上與太監玩球，這時，忽然有一人從馬上摔下，驚馬直奔穆宗而來，幸由左右救護，才避免受傷。但李恒受此驚嚇得了病，兩腳抽搐不能著地。

在這種情況，有術士建議他服用金石（仙丹），李恒從此上癮，雖然朝臣屢次勸諫，李恒也表面納諫，實際上卻沒有停止服食，以致身體嚴重受損，病死於自己寢宮長安宮中的清思殿。

## 唐武宗李炎崇道盛年「速死」

俗話說，「有其父必有其子」。唐朝的皇帝嗜食丹藥已到了瘋狂的地步，可以說是前仆後繼。

唐憲宗李純是被丹藥毒死的，其子唐穆宗李恒又為丹藥所害。而李恒的兒子唐武宗李炎，還是死在丹藥上面。

李炎篤信道教。會昌五年（西元 845 年），李炎曾下詔陳佛教之弊，令毀全國寺院，被逼還俗的僧尼多達二十六萬餘人。這就是中國歷史上著名的宗教事件「會昌滅佛」。但相信道教，也讓李炎付出了生命的代價。

他相信當時的道士趙歸真等人，迷信長生不老，讓他們給他煉製丹藥。為了與神仙相會，還在郊外建了一座「望仙台」，又在宮內建造了「望仙樓」。

由於服食過量由道家煉製的丹藥，李炎生前如其祖父李純一樣言行有異，喜怒無常。加上荒淫無度，弄了一身病，形容憔悴，瘦骨伶仃，身體早就不行了。僅僅比其父親李恒多活了三年，在三十三歲那年，正當盛年的李炎死於長安的大明宮。

時正是春光明媚的三月份，可惜李炎因為貪食仙丹，死時連話都不能說，原本想不死，現在卻速死了，不僅未增壽，反而折壽，再也不能與寵妃近臣一道玩賞天下美景了。

## 唐宣宗李忱反對道教卻「食毒」

唐宣宗李忱與李炎是同父異母的兄弟，他的死是很搞笑的。

在其前面的多位皇帝都死於丹藥中毒，這讓他對道教很厭惡，曾怒殺了多位道士而「倡佛」，積極推廣佛教。但後來他也鬼使神差，依賴起了仙丹，反對道教方術的帝王，最後死在道家丹藥上，可悲。

實際上，初時，李忱與李純一樣，對丹藥的副作用有清醒認識，並表示，「雖少翁、欒大復生，不能相惑」。

但後來卻中邪了。剛開始服食時李忱也已發現了副作用，神躁口渴，但他卻沒有停藥。

到後來，李忱的中毒現象更厲害了，背上生了大膿瘡。《資治通鑑・唐紀六十五》記載，「上餌醫官李玄伯、道士虞紫芝、山人王樂藥，疽發於背。八月，疽甚，宰相及朝臣皆不得見。」

李忱就是因為服用丹藥中毒，惡化後而死。李忱之死應該是活該，唯一值得自慰的是，李忱活了五十歲，比前面的三位先逝皇帝多活了不少年。

一個朝代接連有李純、李恒、李炎、李忱四位皇帝死於丹藥中毒，堪稱中國帝王史上的一大奇觀，大唐王朝衰敗也因之成為必然。

此外，唐懿宗李漼、唐僖宗李儇也都被懷疑是服食丹藥中毒而死亡。

這兩人的死因史書上都沒有寫明，僅稱「上疾」。聯繫當時大唐王朝後期皇帝迷信丹藥的背景，中毒死亡說還是相當可信的。

時四十一歲的李漼病危前，宰臣蕭鄴等前去寢幄問疾，李漼僅說了一個「朕」字，話到嘴邊又不說了。而李儇死時僅二十七歲，其死因當時就傳是「丹藥中毒」。

值得一提的是，大唐皇帝的所為，也影響到了後世李姓帝王。

五代十國時期，身為吳國丞相徐溫養子的徐州人李昪（西元 888—943 年，時名為徐知誥）執掌吳政，受封為齊王，吳天祚三年（西元 937 年），廢吳帝自立，改元升元，國號大齊。三年之後，又改國號為唐，史稱南唐，定都金陵（今南京市）。升元七年，李昪即因服食過量丹藥中毒死亡。

## 大唐皇帝嗜食丹藥的一種解釋

唐朝（西元 618 年—西元 907 年），是中國歷史上最重要的朝代之一，也是公認的中國封建社會的鼎盛時期。相比其他朝代的帝王，唐代的皇帝對不老的追求似乎也最強烈，不老的願望換來的卻是「速死」。

唐代的皇帝為什麼這麼糊塗？其實不是糊塗，而是對先祖和道教雙重崇拜的結果。

開國皇帝李淵擁有顯赫的隴西貴族家族背景。隴西位於今甘肅東南部、內蒙古北部一帶，家譜上最早可追溯到漢武帝時的飛將軍李廣，李氏家族視李廣為榮耀。最有出息的是第十六世孫李暠，他建立了古代西域著名的西涼國，有了「龍脈」。

豪華後宮

但大唐建立以後，李世民想繼續把自己的根「描紅」，於是翻開史書往前找姓李的。這一找，找到了最早一個姓李的人李耳。李耳成了李姓的始祖。

李耳字伯陽，楚國苦縣（今河南鹿邑）人，是春秋時期與孔子齊名的思想家，史稱老子，也有稱老聃。老子的思想主張是「無為」，即所謂「鄰國相望，雞犬之聲相聞，民至老死不相往來」。

而其價值觀的核心則是「道」:「人法地，地法天，天法道，道法自然。」此番「道論」成為後來道教的「指導思想」，老子也成了道教的創始人和教主。

武德三年（西元 620 年），唐高祖李淵尊封李耳為始祖，並在祖居地鹿邑大興土木，建宮興觀。不久，唐太宗李世民下詔編纂百卷巨著《大唐氏族志》，正式認祖歸宗，稱「朕之本系，起自柱下」（老子有「柱下史」之稱）。

到唐高宗李治時，追尊老子為太上玄元皇帝。至唐玄宗李隆基時，發揚光大道教，下令兩京和諸州各置玄元皇帝廟。

道教有「道術」，崇尚房中術，相信有長生不老藥，即所謂「外丹」、「內丹」。老子被李唐皇室這麼熱捧，視為始祖，道教便成為了大唐的「國教」。之後，道術流行、唐皇嗜食丹藥，私生活十分放縱，便很好理解了。

# 第三篇

# 帝王私密檔案

# 古代帝王的體育休閒愛好

雖然「體育」這一詞語是外來的，但並不影響中國古代重視體能的事實的存在。體育在過去不被重視，其實這是儒家理念給外界造成的一種誤會。事實上，古人特別熱愛運動，重視體能。不過，未能有古希臘那樣，發明一種影響全球的運動會，確是遺憾。

在古代，不只民間喜歡運動，不少帝王也有體育休閒愛好，有的還是運動健將水平——

## 舉重之王——秦武王嬴蕩

秦國後來能統一中國，與秦國多任國王的努力是分不開的，秦武王便是其中的一位。

史載，秦武王身高體壯，勇力超人，重武好戰，常以鬥力為樂。這鬥力就是舉重，在古代也叫翹關、扛鼎，是中國古代軍中最為流行的訓練士兵體能的主要手段之一。

秦武王不只自己重視體育，對民間大力士也格外看重。凡是力氣超人一等者，都會得到他的重用，招至身邊，經常與他們一起比試比試。烏獲和任鄙以勇猛力大聞名，秦武王便破例提拔重用。這就是《史記・秦本紀》（卷5）記載，「武王有力好戲，力士任鄙、烏獲、孟說皆至大官。王與孟說舉鼎，絕臏。」

秦武王最後死在舉鼎上，一次意外失手，鼎掉下來把他的右大腿砸斷了，最後不治而死。

值得一提的是，在秦漢時期，舉重也是民間強身的手段之一，西楚霸王項羽便是扛鼎冠軍，力大無比，一般人舉不過他，至今在其故里宿遷市，最有代表性的城市雕塑還是「項羽扛鼎」。

## 足球皇帝——漢成帝劉驁

漢成帝是中國古代超荒淫皇帝中的一位，當了二十六年皇帝，最後在四十五歲時死於趙飛燕和趙合德姊妹的溫柔鄉中。除了好色，漢成帝對體育運動也十分喜愛。足球就是漢成帝的最愛，是中國古代一位名副其實的「足球皇帝」。

中國古代的足球運動叫蹴鞠，這是中華始祖黃帝發明的。

湖南馬王堆漢墓出土的《黃帝十六經・正亂》記載，黃帝在打敗蚩尤後，活捉了他，對他處以極刑，「剝其皮革以為干侯，使人射之，多中者賞。翦其髮而建之天，名曰蚩尤之旌。充其胃以為鞠，使人執之，多中者賞。」蹴鞠，就是現代足球運動的雛形。

明皇擊球圖

到了漢代，這項運動在開國皇帝劉邦的提倡下，得到了長足的發展，出了一批足球皇帝，如漢武帝劉徹。最具代表性的是漢成帝，因其太愛玩，體能消耗太多，加上夜夜不忘與美女尋歡，臣子擔心傷了「龍體」，勸他少踢球。他表示，哪有玩球不費力氣的呢，如果有不費力氣的玩法就獻上來。後來，《戰國策》、《別錄》的編撰者劉向給他獻了「彈球」的玩法，類似一種紙上足球。

## 圍棋高手——梁武帝蕭衍

梁武帝蕭衍是中國歷史上為數極少的高壽皇帝之一，活了八十六歲，在今天也算是高壽（另見《梁武帝四十年不近女色真相》一文）。

蕭衍能活那麼大歲數，大概與其中年以後事佛戒色有關，但最根本的原因還是他自小重視體育鍛鍊。《梁書．武帝本紀》（卷 1）記載，梁武帝「生而有奇異，兩胯駢骨，頂上隆起，有文在右手曰『武』。帝及長，博學多通，好籌略，有文武才幹，時流名輩咸推許焉。」

蕭衍生下時，手心的紋路竟然是一個「武」字，這事真有點玄，但他「有文武才幹」卻是事實，其武術不凡，常人難敵。而蕭衍最擅長的還有一手——圍棋。

《南史．柳元景傳》記載，「梁武帝好弈棋，使惲品定棋譜，登格者二百七十八人，第其優劣，為《棋品》三卷，惲為第二焉。」這裏的「惲」是柳惲，為柳元景的侄子，是當時

百馬圖

的詩人，超一流的棋手，蕭衍常與之對弈。棋逢對手，蕭衍的水準可見一斑了。

## 馬球皇帝——唐中宗李顯

李顯是中國歷史上唯一女皇武則天的親生兒子，因為母親的權力慾極強，在他當了皇帝不久，便被廢了。武則天病死後，李顯二度登基。

李顯顯得很軟弱，但卻喜歡體育運動，如打馬球、拔河比賽什麼的，李顯都感興趣。李顯擅長的是對抗性很強的馬球運動，也是這項運動的熱衷推廣人，是位地道的馬球皇帝。

馬球，即古代的擊球、打球，也稱擊鞠。所用球與蹴鞠所用之球相仿。《資治通鑑．唐紀．中宗》（卷 209）記載：「上好擊球，由是風俗相尚，駙馬武崇訓、楊慎澆灑油以築球場。」

因為皇帝喜愛打馬球，引導了當時的運動風俗，駙馬武

馬球圖

崇訓、楊慎用瀝青澆築球場，方便打球，大概也是討其所好。後來唐代李姓皇帝多喜歡馬球運動，與李顯的影響不無關係。

唐玄宗李隆基便是馬球場上的常客，能算是當時的馬球明星，因此還一度荒廢了朝政。宋朝有位名叫李公麟的畫家為此畫了圖畫，有詩人題寫了《題明皇打球圖》：「九齡已老韓休死，無復明朝諫疏來。」

因馬球比較危險，常有人在比賽中頭顱被擊碎身亡、因擊鞠墜馬死現象發生，有兩位皇帝也因此升天，但馬球雖然暴力，卻未因此而受挫折。

唐滅亡後，馬球仍受帝王們推崇，如宋太宗趙光義、明成祖朱棣，都是這項運動的健將。

## 棍術鼻祖——宋太祖趙匡胤

凡開國皇帝，體育成績都是不錯的，如前面說的蕭衍，後面要說的元太祖。而北宋開國皇帝趙匡胤也是位運動健將。

《宋史・太祖本紀》記載，趙匡胤從小「學騎射，輒出人上。嘗試惡馬，不施銜勒，馬逸上城斜道，額觸門楣墜地，人以為首必碎，太祖徐起，更追馬騰上，一無所傷」。

趙匡胤小時候很調皮，不只因玩馬摔破了頭，還喜歡赤手空拳與人打鬥，武術是其特長，武術中的三十二勢長拳便是趙匡胤的傑作。更為著名的絕活是少林功夫中的強項——棍法。

少林棍法為趙匡胤所創，他本密不示人，一次酒醉後說漏了嘴導致洩密，死後只好將秘笈傳給了少林寺武僧。

在趙匡胤、趙光義兩位皇帝的影響和提倡下，北宋民間體育活動開展得有聲有色，到了南宋還有不小影響。很可惜的是，愛好武術的趙姓宋朝，最後沒能抵擋住蒙古人的騎射。

## 摔跤牛人——元太祖鐵木真

元太祖鐵木真，即常說的成吉思汗。

蒙古人向來重視體能，凡男子都會摔跤，不會兩下子會被人恥笑。至今仍很熱鬧的那達慕大會上，還會有摔跤表演。射箭、騎馬、摔跤是過去蒙古男人必須擁有的三種本領，鐵木真便是這方面的健將，樣樣皆精。

在古代蒙古族人中，騎射是最基本的戰鬥手段。而射箭是成吉思汗拿手好戲，摔跤也超強。

元朝在統一中國後，還曾專門設立了管理摔跤的機構，給摔跤冠軍以物質獎勵。摔跤在中國也有久遠的歷史，遠古時就有，其重量級人物便是被中華始祖黃帝打敗的蚩尤。

梁朝任昉《述異記》稱：

> 秦漢間，蚩尤氏耳鬢如劍戟，頭有角。與軒轅鬥，以角抵人，人不能向。今冀州有樂，名『蚩尤戲』，其民兩兩三三，頭戴牛角而相抵。

這「角抵」就是中國最原始的摔跤運動，後來還演變出了另一體育項目——相撲。

## 投壺高手——明宣宗朱瞻基

「投壺」這個運動項目，現代不少人可能不太熟悉，但在古代相當流行。中國古代一部重要的典章制度書《禮記》中，便記載了「投壺」的玩法。簡單說來，即是將箭投拋至酒壺內。起先是半禮儀活動，後來，這種活動在宴會上得到了推廣，變成了一種體育娛樂活動。

《楊貴妃上馬圖》(宋)

由於投壺不需耗費太多的體能，受到了高貴者的歡迎，故而在上層貴族間頗流行。

與唐朝喜歡馬球、宋朝崇尚武術相比，明朝不少皇帝在體育方面並無太多的特長，總體來說不明顯，但玩投壺卻是他們的一大喜好。

明宣宗朱瞻基便是投壺的高手，技術超人，因此被畫家的眼睛捕捉到了，明畫《明宣宗行樂圖》中，便留下朱瞻基投壺的情景。

《金瓶梅》裏，中國古代文學人物中第一等大淫棍西門慶，便擅長投壺，甚至往潘金蓮的陰道裏投。據考證，西門慶這一文學形象，影射的便是明武宗朱厚照。

投壺圖

## 射箭神手——清聖祖玄燁

玄燁，即清朝的康熙皇帝。

與現代人站在那兒射固定靶子不同，康熙的箭術可不簡單，他是騎在馬上射的，即謂騎射。古代射箭分騎射和步射兩種，是過去軍隊中最原始最需要掌握的戰鬥技能。

可以說，歷朝歷代都不乏這方面的神射手，但以蒙古族、滿族最具特色。在清代，射箭訓練是八旗軍的正常訓練科目，每月要有六次訓練。

在清帝王中，康熙的箭術是超一流的，在河北省易縣境內有一座「三箭山」，海拔很高，有一次康熙經過時，舉弓而射，連發三箭都射過了山頂，從那以後，此山易名三箭山。康熙的力氣和武功過人，一生中，據說用弓箭和鳥槍，先後打死了一百五十三隻老虎，此成績非神射手不可為。

文尾多說一句，如果要給中國古代帝王授予運動健將級別的話，想來上面說的八位都可能是！

# 梁武帝四十年不近女色真相

中國的皇帝都好色，這是事實，但也有一位皇帝以高壽和不近女色聞名，他就是梁武帝蕭衍。

梁武帝蕭衍手拿經卷畫像

《梁史》記載，蕭衍「五十外便斷房室」，天監十二年（西元 513 年），蕭衍始「不與女人同屋」。如果以他八十六歲去世來算，近四十年沒有碰過女人。

梁武帝真的是四十年不近女色？你相信嗎？如果是，他「禁慾」的真相到底是什麼？這是一個老問題，但需要新的解釋。

## 蕭衍是如何當上皇帝的

從史料上看，蕭衍精通武術，又是文學大家，確是中國歷史上難得的「文武雙全」帝王。

蕭衍小名「練兒」、「阿練」。生於西元四六四年，死於西元五四九年，終年八十六歲，與乾隆皇帝一樣，是中國古代僅有的幾位高壽皇帝之一。作為南北朝時期「宋、齊、梁、陳」中梁的開國皇帝，蕭衍的智慧和才能非同一般。史書稱「生而有奇異，兩胯駢骨，頂上隆起，有文在右手曰『武』」。

據說，當年二十剛出頭的蕭衍在權臣王儉手下謀事，王儉懂點相面之術，看了蕭衍的面相後說，「此蕭郎三十內當作侍中，出此則貴不可言。」

蕭衍「皇帝真像」

果然，蕭衍「三十內」的最後一年，即三十九歲那年（西元 502 年），齊帝蕭寶融禪位於他，都城仍設在建康（今南京市）。實際上蕭寶融哪是什麼禪讓啊，完全是讓蕭衍逼的。

在包圍台城後，

蕭衍策劃斬殺了東昏侯蕭寶卷，把齊明帝蕭鸞的七個兒子殺掉五個。未殺的一個化裝逃到北魏了，另一個是啞巴，廢人。被臨時扶上來的蕭寶融能不怕嗎，但禪位後很快還是被殺了。

## 蕭衍是個稱職的皇帝嗎

蕭衍禁慾，「不與女人同屋」，後宮那些女人都弄哪了？史載，除貴嬪丁令光留在京城外，其他嬪妃都讓蕭衍攆走了，跟各自分封在外的兒子去一起住了。

古代的皇帝「三宮六院七十二妃」，除未能成年而夭折者，多為荒淫男人。不少人因此認為，蕭衍是一個好皇帝，難能可貴。

實際上，蕭衍被神化了，或者說現代有學者在為他「翻案」，其實蕭衍也是一個荒唐的皇帝。時處中國南北分裂狀態，在南強北弱的背景下，蕭衍曾多次「北伐」，也終沒有打敗北魏，「收復失地」。

當時北方勢力曾一度四分五裂、群龍無首，如果蕭衍是如乾隆那樣的聖明君主，憑南朝的實力，統一中國是沒有問題的，不需要等到五十年後隋文帝楊堅的出現。蕭衍不只自己沒有做好皇帝，搞出了「出家秀」等多重鬧劇，家風也讓他治理得一塌糊塗。

蕭衍當了皇帝後，淫亂後宮顯得迫不及待，雖然沒有宋度宗趙禥剛當皇帝那樣，一夜召幸三十女的紀錄，但也很厲害，可以說與東昏侯蕭寶卷一樣地「昏」，整日花天酒地。

## 垂涎前朝後宮的小腳妃

南朝皇帝多奢侈腐糜。《南史・齊本紀下》（卷 5）記載，東昏侯的後宮美女如雲，佳麗多多，其中有一個叫潘玉兒的妃子最受寵。當年，蕭寶卷為了討好潘妃，大修宮殿，並對居所閱武堂內諸殿進行了超豪華裝修。潘玉兒所經之路，皆鋪上雕鑿有蓮花文飾的純金地板，稱是「此步步生蓮華也」。

據考證，中國古代女子裹小腳的習俗就是仿潘玉兒的「三寸金蓮」而來。

蕭衍當了皇帝後，沒有秦始皇嬴政統一六國的魄力，卻學起了嬴政悉收六國後宮美女的做法，把住處搬到了當年蕭寶卷作樂的地方，把蕭寶卷的後宮美女也「收」了下來。

這裏有一個挺香豔的故事。聽說潘玉兒最漂亮，蕭衍早就垂涎三尺，希望霸為己有。現在當了皇帝自然不會放過潘玉兒。大將王茂覺得不對勁，力諫蕭衍，稱潘玉兒不是一個好女人，是個禍害，「亡齊者此物，留之將恐貽外議」，蕭衍這才不得不把潘玉兒勒死。

後來，蕭衍又看中蕭寶卷後宮的二號美女余妃，幕僚範雲趕緊勸他別亂來，稱余妃也不是好女人，「時納齊東昏侯餘妃，頗妨政事」。正是壯年的蕭衍慾火中燒，根本不聽，後來王茂一起勸才罷。

但蕭衍還是沒有放過蕭寶卷後宮裏的其他女人，喜歡的都攬入懷中。

## 淫亂人妻又霸占人子

蕭衍身邊的女人中，給他生了孩子的，除了原配郗徽外，少說還有七位女人（未生育的不計）：貴嬪丁令光、淑媛吳景暉、淑儀董氏、充華丁氏、修容阮令嬴、葛氏等。其中的吳景暉、阮令嬴即為蕭寶卷後宮裏的女人，這兩個女人還為他生了兩個兒子，即次子蕭綜、七子蕭繹。

這個蕭綜，風流之外還弄出了兩起盜墓故事，這裏順便說說。

原來，蕭綜是蕭寶卷的遺腹子，吳景暉在成了蕭衍女人七個月後生下了這個兒子。蕭衍一直把蕭綜當親生兒子，並悉心栽培、委以重任，既霸占人妻，還霸占人子。但在蕭綜十五六歲時，吳景暉卻把秘密告訴了兒子。

蕭綜不相信自己的老爸是蕭寶卷，便盜開了蕭寶卷的墳墓，挖出屍骨，「滴血認親」。《梁書・列傳第四十九》（卷 55）是這樣記載的：「然猶無以自信，聞俗說以生者血瀝死者骨，滲，即為父子。綜乃私發齊東昏墓，出骨，瀝臂血試之。」

蕭綜仍不相信，又殘忍地殺害了一名不相干的男子，進行「滴血試驗」，看結果的異同。在證明自己與蕭寶卷是「父子關係」後，蕭綜就懷有二心，「自此常懷異志」，主動提出到邊遠的、別人都不想去的地方去任職服役。

普通六年（西元 525 年），梁北伐，蕭衍任命蕭綜為主帥，坐鎮徐州。結果，心懷二志的蕭綜，竟然與北魏密約，棄軍叛逃，梁軍大敗，北伐嚴重失利。蕭綜入魏後，聲明自己是齊室之後，蕭寶卷的兒子，並改名「蕭贊」。蕭衍聽說後氣得要死，雖然覺得很丟人，但拒不承認事實，哭著說蕭綜就是自己的親生兒子，蕭綜所言是瘋話。

時人都在背後笑話這件事。有人奏請削去蕭綜的官位屬籍，禁止蕭綜姓「蕭」，改姓「悖」。但很快蕭衍又下詔恢復了蕭綜的一切。蕭綜死後葬在魏境內，蕭衍卻不死心，一直念念不忘這個「兒子」。大同四年（西元 538 年），蕭衍讓人去墓盜，把蕭綜的屍骨弄了回來，以皇子之禮，祔葬在今江蘇省丹陽市境內的蕭氏家族墓地。

蕭衍與齊系蕭道成、蕭鸞、蕭寶卷都是本家，齊、梁之爭其實是「家族內訌」。但最為不恥的地方並不是奪人江山後又奪妻女這點，而是蕭家的亂倫，蕭衍本人就險些命喪「亂倫之禍」。

## 家風糟糕子女間亂倫

俗話說，上梁不正才下梁歪。蕭衍那麼荒淫，「家裏人」自然看在眼裏，上行則下效。

蕭衍共生了七個兒子、八個女兒。蕭衍這一支脈，在他當了皇帝後，其弟其子，甚至其女，多為非作歹，作惡多端。最為不倫的是蕭衍的大女兒、永興公主蕭玉姚，竟然和自己的親叔叔，即蕭衍的同父異母弟弟蕭宏通姦，當起了「夫妻」。

擔心事情敗露，蕭玉姚一不做二不休，與蕭宏密謀，企圖殺掉自己的老爸，計畫事成後蕭宏當皇帝，她當皇后。蕭玉姚親自佈置謀殺，安排值班宮人藏刀行刺。結果未遂，行刺者當場被擒獲。

昏的是，蕭衍明知這事是蕭玉姚和蕭宏兩人幹的，卻瞞了下來，認為家醜不可外揚。蕭宏不僅沒有被誅殺，病重期間，蕭衍還親自去探視慰問他。

## 五十事佛後又生女兒

聊到這裏，大家對蕭衍這個皇帝應該可以分辨出個大概了。

那麼，蕭衍真的是四十年不近女色嗎？如果真是，又是為什麼？史家通常的觀點是蕭衍五十歲以後，「一心事佛」，所以才「禁慾」。事情絕不會這麼簡單，最小的女兒長城公主就是他五十多歲時生的，據《建康實錄》（卷 17），蕭衍到五十九歲才「斷房室」，而此時，蕭衍已信佛多年也。

在過去，這麼大年紀的男子「斷房室」應該有生理和健康上的原因，不可能是因事佛所致。這一點，其實是蕭衍自己透露出來的。

蕭衍在《淨業賦》裏有這樣的話：「復斷房室，不與嬪侍同屋而處，四十餘年矣。於時四體小惡，問上省師劉澄之姚菩提疾候所以。劉澄之云，澄之知是飲食過所致。答劉澄之云，我是布衣，甘肥恣口。劉澄之云，官昔日食，那得及今日食。姚菩提含笑搖頭云，唯菩提知官房室過多，所以致爾。」

可見，蕭衍在當了皇帝後，得過一場病。起初以為是吃得太好，「飲食過所致」，後來姚菩提判斷是女人玩得過多，縱慾過度的原因，即所謂「房室過多，所以致爾」。

皇帝（或者說一般男人）對待女色的態度多如漢成帝劉驁那樣，「牡丹花下死，做鬼也風流」。從蕭衍前期的放縱行為看並未免俗，他前期信奉道教，把行房看成是一種保健項目。在當了幾年皇帝後，又改信佛教，但改食素食卻不迴避性生活，仍貪戀女色。

這樣，吃不好，卻「幹得多」，風流快活的同時，身體不弄成空殼才怪呢。時臣謝朏、孔彥穎等勸蕭衍不要吃素了，恢復正常的帝王飲食，但未被接受。

## 禁慾，是因為有難言之隱

「萬壽無疆」，是所有帝王的願望，在這種情況下，取風流還是賭長壽，蕭衍選擇了後者。

廣東嘉應學院中文系教授趙以武有一種觀點，認為，從佛教「除二障」(「二障」即「殺害障」、「慾惡障」) 的戒律中，蕭衍「始知歸向」，蔬食而外，並斷房室。歸根結底，是出於健康的考慮，所謂「行人之能行者」，乃尋求長壽之新途徑。

這種觀點頗有道理，蕭衍「四十年不近女色」的最初原因應該就在這裏。果然，不過性生活，不殺生之後，他的健康問題解決了，腦子也不發昏了。用蕭衍自己的話說是，「既不御內，無復慾惡障，除此二障，意識稍明，內外經書，讀便解悟」。

帝王有幸遍天下美女之特權，蕭衍「四十年不近女色」，其真相不要說現代學者，就是時人恐怕也說不清。前面說過，在過去如蕭衍那麼一大把年紀的人「斷房室」，應該有生理和健康上的原因，最初不可能是事佛所致。這一點，蕭衍也承認了。

但到底是什麼樣的生理和健康原因？女人常掛在嘴邊的

調戲男人的一句話,「男人都不是好東西,除非他那個不行了」。套用此觀點來解釋,作為一個皇帝,如果蕭衍真的是四十年不過性生活,就是「下半身」問題,直接說來就是性功能不行了,有障礙,而非一心事佛可作全部解釋的!在生育了最小的女兒長城公主後,已經五十多歲的蕭衍因性生活過度,即便是壯陽藥也不管用了。

這可不是胡亂猜測,從蕭衍在《淨業賦》所述可知,當時發現這秘密的姚菩提(蕭衍否認姚知道他的「病情」)給蕭衍開出了一種藥丸,可以想見,這種藥丸不會是一般的滋補藥物,必有壯陽強身的作用。但「服之病逾增甚」,治不了「四體小惡」,可知蕭衍這「小惡」並非一般的毛病,筆者推測是性功能不行了,患了前列腺炎,搞不好就是男人最忌諱的陽痿。

蕭衍知道自己不行了,乾脆「出家」,當個乾淨皇帝,還落個長壽,遂至死不再碰女人。這,大概是蕭衍「禁慾」的最初真相吧,也是他五十歲開外突然改變信仰,放棄道教,信奉佛教的一種新解釋。

# 明代朱姓皇帝好色之謎另解

明史熱成為眼下一景。在清代的皇帝被寫濫之後，明代帝王又被集體抬了出來，而其中明世宗朱厚熜，即嘉靖皇帝更成小說家筆下的熱門人物。

其實明代以後的文人，對嘉靖就很感興趣，這方面的書很多。嘉靖在位時間長達四十五年，雖然政治上沒有作為，治國無方，但他是一位風流帝王、道士皇帝，故事多，有趣，好玩，可讀性強，確實是一位玩主級的人物，有學者直接罵嘉靖是位混蛋皇帝。

實際上，無不好色皇帝。漢皇、唐皇更厲害，但明朝皇帝好色得有特點。

## 皇帝險遭宮女勒死真相

後宮的故事（明 仇英）

史家認為，嘉靖暴虐不仁，喜怒無常，好色無比。其好色風流在中國歷史上的帝王將相中是出了名，因為好色，險些被宮女勒死，即所謂「壬寅宮變」。

史書上記載：嘉靖二十一年（西元 1542 年）十月二十一日凌晨，十幾個宮女趁朱厚熜熟睡時打算把他勒死。先是楊玉香把一條粗繩遞給蘇川藥，這條粗繩是用從儀仗上取下來的絲花繩搓成的，蘇川藥又將拴繩套遞給楊金英。邢翠蓮把黃綾抹布遞給姚淑皐，姚淑皐蒙住朱厚熜的臉，緊緊地掐住他的脖子。邢翠蓮按住他的前胸，王槐香按住他的上身，蘇川藥和關梅秀分別把住左右手。劉妙蓮、陳菊花分別按著兩腿。待楊金英拴上繩套，姚淑皐和關梅秀兩人便用力去拉繩套。眼看她們就要得手，繩套卻被楊金英拴成了死結，最終才沒有將這位萬歲爺送上絕路。宮女張金蓮見勢不好，連忙跑出去報告方皇后。

前來解救的方皇后也被姚淑皐打了一拳。王秀蘭叫陳菊花吹滅燈，後來又被總牌陳芙蓉點上了，徐秋花、鄭金香又把燈撲滅。這時管事的被陳芙蓉叫來了，這些宮女才被捉住。朱厚熜雖沒有被勒斷氣，但由於驚嚇過度，一直昏迷著，好久才醒來。

## 採處女經血煉丹藥經過

為什麼宮女會這麼恨自己的主子？皆因他淫得沒有人性。嘉靖對待自己的皇后都沒有人性，三位皇后或被其折磨死，或打入冷宮。對待出身低賤的宮女更不用提了，在政期間，僅被他下令打死的宮女就有兩百多人。

朱厚熜還用酷虐宮女的方法煉製長生不老的丹藥，這在中國宮史上是絕無僅有的。朱厚熜後期迷信方士，尊尚道教，自稱「真君」、「仙翁」、「帝居」等，在宮中遍設壇場，一心修玄，渴求強身長壽。

混蛋皇帝嘉靖

當時煉製此類丹藥的最流行方法是「秋石」和「紅鉛」，前者採用童男小便，去其頭尾，收其中段，加藥熬煉而成，後者收取處女經血加藥拌和、焙煉而成。

為了煉製紅鉛，朱厚熜信用道士，用摧殘宮女身心甚至殘害其生命的方法，不顧一切地採取煉丹的原料——經血，以煉製長生壯陽丹。嘉靖中葉以後，朱厚熜曾三次大規模選擇民間幼女入宮，每次數百人，「供煉藥用也」，道士稱是「採陰補陽」——「壬寅宮變」的發生就不可避免了。

## 皇帝遊幸連寡婦也不放過

二〇〇四年八月二十二日，中國第十屆明史學術討論會在南京明孝陵召開。筆者在會後曾就此話題請教了多位元明史專家，上海大學文學院歷史系教授朱子彥，提交的《論明代的採選制度與宮人命運》引起了筆者的興趣。

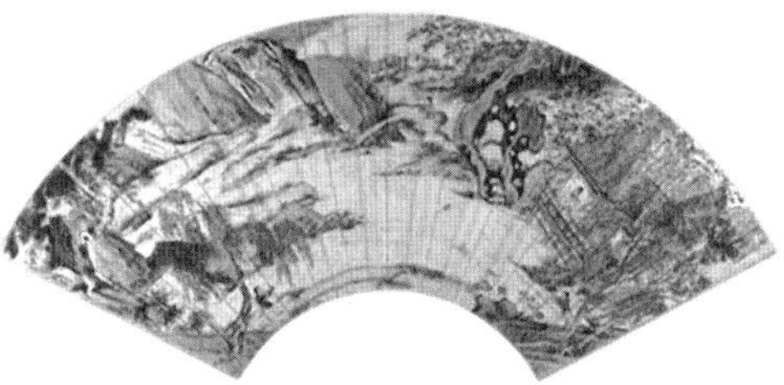

《蘭亭圖扇》（明 仇英）

對明史有專門研究的朱子彥特別談了明代皇帝後宮內的風流故事。

朱子彥當時舉例談了朱姓皇帝的荒淫。傳位於朱厚熜的，是嘉靖的堂兄弟明武宗朱厚照，同樣以風流出名。因荒淫過度，他三十一歲就死了。

朱厚照多次到各地巡遊——

> 每夜行，見高屋大房即馳入，或索飲，或搜其婦女。凡武宗車駕所到之地，近侍預先掠取良家女以備召幸，有時多達數十車。正德四十年十二月，武宗巡幸揚州，先遣太監吳經到揚州四處搜尋美貌少女。吳經暗中記著城中少女和寡婦所住的街巷房屋，待到半夜，打開

城門，傳呼聖人駕到，命市民燃燭接駕，吳經乃率人闖入少女、寡婦之家強行搶奪，「寡婦無人倖免」。

在明代皇帝中，最早一個與最後一個，即明太祖朱元璋和明思宗朱由檢，對女色還是節制的，其他皇帝在女色上多比較隨便，特別是後期幾個，簡直荒淫到頂。

## 明成祖朱棣曾經患上陽痿

朱姓皇帝為何「集體好色」？難道朱元璋的後代性慾超強？非然。

實際上明皇的性功能一直是受到史學界懷疑的。明代皇帝喜歡廣招天下美女進宮，但他們到底能不能都幸遍後宮，是個疑問。如成祖朱棣，後宮佳麗多多，甚至要求當時的屬國朝貢美女。

但根據吳晗主編的《朝鮮李朝實錄中的中國史料》（上編

《仕女圖》（明 仇英）

/卷4）記載，明成祖的性功夫並不怎樣，還曾患過陽痿。

朱棣患難言之隱的故事裏，有一個十分恐怖的殺戮宮女事件。

當時，朝鮮進貢的美女權氏受寵。《明史 · 后妃傳》說「權氏，朝鮮人。永樂時，朝鮮貢女充掖廷，妃與焉，帝愛憐之，七年封賢妃。」

朱棣去親征蒙古，都會帶著權氏。但卻紅顏薄命，權氏竟然死於征途上。本對朝鮮宮女有嫉妒之心的漢女呂氏，藉機誣告對她不友好的朝鮮同姓呂氏，稱其勾結太監和銀匠，在權氏的茶裏下了砒霜，毒死了權氏。

朝鮮宮女呂氏遭酷刑，被綁在烙鐵上，像烤羊肉那樣烤，被折磨了一個月才讓斷氣。這次，包括朝鮮呂氏在內，有數百名宮人遭殺。

十多年後，朱棣又起殺心，將兩千八百名宮女活剮了。永樂十九年（西元1421年），漢呂氏與太監魚氏私通，結為「對食」（夫妻），朱棣發現後並未責怪他們，但他們害怕，雙雙上吊自盡了。

朱棣讓人把相關侍婢全部抓起來審訊，問這是怎麼回事情。女人哪能受到大刑，為求速死，不少人便謊稱要行刺皇帝。結果，麻煩大了，不只這些侍婢被殺，還連累了大批宮女，即朝鮮史書所稱的「凡連坐者二千八百人」。

行刑時，朱棣還親自去屠場「欣賞」。有一名大膽的宮女罵道：「自家衰陽，故私年少寺人，何咎之有！」你皇帝自己不行，宮女才與人私通的，何罪之有？朱棣患陽痿的事情才為外人所知。

不知道朱棣濫殺宮女，是不是因為陽痿引起的性變態行為。

## 女孩愛美趕時髦，男子熱衷性開放

明代的社會風氣比較開放，笑貧不笑娼，在明代表現特別明顯。在這種社會大環境下，本來便擁有隨便玩女人特權的皇帝，自然色心大動，「與民同樂」。

當時，不論男人還是女人（當然指有條件的）對生活品質都很講究，如在中後期，女士很前衛，特愛趕時髦，男士則熱衷性開放……如蘇州文人祝允明、唐伯虎，便是當時的風流男人，他們的行為一點也不檢點，吃喝嫖賭樣樣通。見到美女便會下手，唐伯虎點秋香至今仍很香豔。記錄晚明男人召妓故事的《板橋雜記》，便是在這種背景下寫出來的。

明代的服飾很有特點，在當時頗成風尚，在當時眾多愛美的小姐公子心裏，都有「趕時髦」的觀念。朱元璋剛當上皇帝不久，即著手消除元朝服飾的影響，恢復唐制，欲以漢文化來影響服飾和時尚，希望從服飾上體現出尊卑有序的社會狀態。

但這種做法把服飾的實用性減弱了，特別是女士的愛美天性受到了壓制，以致民間不願「遵旨」，而去追求美的天性和崇尚奢華的風尚，這也就是現代女孩子常說的「趕時髦」。

在明成化年間，京城流行起了「馬尾裙」就是一例。馬尾裙是從朝鮮傳入的，在當時算是很漂亮也很前衛。在流入京城後，先是為富商公子和歌妓看中，後「人人買而服之」。

一般人認為選美比賽是外國人的發明，實際不是。明代男人發明了「評花榜」，這就是選美。比現代選美更刺激的是，從性工作者中間選拔，入榜的美女全部來自妓院，妓女一旦入榜，身價大漲，嫖資翻倍。

## 「紅燈區」治國想法禍害後代

女士趕時髦，男人愛風流，明人的思想十分十分地開放。

美國在上世紀六七十年代才有性解放思潮，可以說，中國早在明代就出現了。這種說法的事實佐證之一就是當時名妓輩出，柳如是、馬湘蘭、李香君、董小宛、陳圓圓等等，個個貌美無比，處處留情遺恨。

當時，南京夫子廟旁邊的秦淮河邊，就是這些妓女的聚集地，漂浮在十里秦淮上空的盡是胭脂氣。而有名妓，自然有風雅之人去消費，即所謂的嫖客，可見當時「紅燈區」的非凡熱鬧。

民間性交易的繁榮是宮內性生活活躍的一種折射，也可以說是上層對下層影響的直接結果。換一種說法，老百姓的性解放，是領導荒淫的副產品，上梁不正下梁歪啊。

明清內務府密藏的春宮畫

反過來，社會上性交易的活躍，也促進了明代後期皇帝性生活的高頻率發生，直至性變態。而這一切，老皇帝朱元璋應該承擔責任，開國之初他恢復妓院，使秦淮河邊發展成了中國古代第一「紅燈區」、朱元璋的性開放態度，默許、甚至鼓勵官員去嫖去包二奶，成為後來社會風氣「變壞」的重要原因之一。

這樣說來，明代朱姓皇帝多好色，就很好理解了。朱姓皇帝多好色不是孤立的，是老皇帝的「歪經」對後代的負面影響，是立國初期的不良誘導和中後期人們生活態度放縱，共同作用的結果。

這一結果就是，朱姓皇帝風流成性，採經血、玩寡婦最後把江山也玩丟了！

羅漢圖（南宋）

# 明成祖朱棣建大報恩寺塔的七大謎團

朱棣與大報恩寺塔的事情被重提，是因為南京重建大報恩寺塔。而大報恩寺塔和上本書所聊的朱棣生母之謎一樣，也很有故事。

歷史上，大報恩寺曾經過多次重修復建。如康熙三年五月，即重建過寺的正殿，塔也多次修葺。近二十年來，南京一直計畫恢復這個標誌性建築，重建大報恩寺塔。據方案主持東南大學古建築專家潘谷西先生介紹，不是在原址，而是在原址的西側建塔。

1842 年，英國記者 A · 托馬斯，現場所畫外秦淮河畔大報恩寺塔素描

實際上早在一九二八年，即有專家為重建大報恩寺塔作了準備，中央大學建築系教授劉敦楨當年到琉璃窯址進行調查。一九三五年又有專家提出了重建構想。但因為日本侵華戰爭的爆發，此事擱置了，成了遺憾。如果不是那場戰爭，大報恩塔說不定已矗立在中華門外了。

從朱棣決定興建塔，到現在重建，大報恩寺塔身上留下了太多的謎團。

## 謎團之一：朱棣建塔到底是想報誰之恩？

史書上講得很清楚，朱棣為報母親的養育之恩而建。

但具體誰是他的母親，這裏就很有學問了。近來出版的學術著作似乎為此事定了論，「明成祖朱棣為紀念其生母碽妃而建」。如中國古建築權威潘谷西先生主編的《中國古代建築史・元明卷》（第四卷）就持有這種觀點，不久前筆者去拜訪潘先生時，他還是這樣說。

但《明史・成祖本紀》（卷 5）明確稱：「成祖啟天弘道高明肇運聖武神功純仁至孝文皇帝諱棣，太祖第四子也。母孝慈高皇后。洪武三年，封燕王。」這「孝慈高皇后」就是朱元璋的原配、著名的大腳皇后馬秀英，而不是來自朝鮮的碽妃。

這樣的記載是負責任的，朱棣生於元至正二十年四月十七（西元 1360 年 5 月 2 日），地點在應天（今南京），其時朱元璋不要說皇帝（西元 1368 年才稱帝）了，連「王」都不是（西元 1363 年擊敗陳友諒後，次年才稱「吳王」），所以，大報恩寺及塔是朱棣為紀念其生母碽妃而建，有捕風捉影之嫌。

「為紀念其生母碽妃而建」一說，根源於野史。上本書中提到，傳說碽妃是冤死的，作為親生兒子朱棣本人又不能公開張揚，於是借報答母親的養育之恩之名，建寺、塔紀念她。而這種說法的直接證據都是《南京太常寺志》上的文字，其中所載孝陵神位：「左一位淑妃李氏，生懿文太子、秦湣王、晉恭王，右一位碽妃生成祖文皇帝，是皆享於陵殿，掌於祠官，三百年來未之有改者。」但是民間當時另有一說法，朱棣篡位，藉「靖難之變」把侄兒朱允炆趕下皇位的一事，朝野上下都有抵觸反感情緒，誹謗聲音四起。其中有一種聲音就是罵朱棣不是馬皇后生養的，血統有問題，是雜種，不然不會對親侄下此狠招。

在這種社會輿論壓力下，朱棣一方面進行言論鎮壓，另一方面做出姿態。為了表明自己是馬皇后所生，在遷都北京

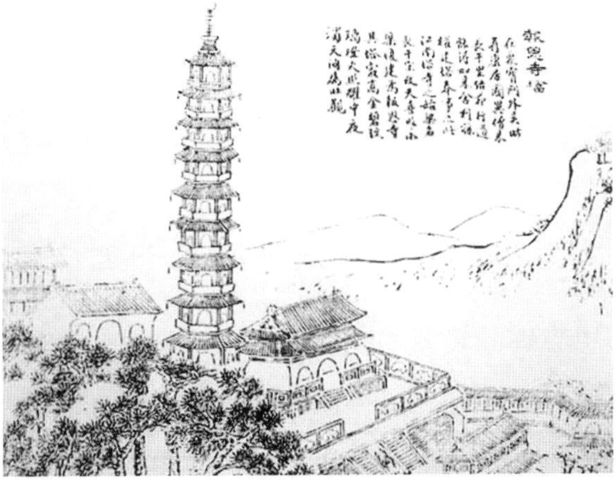

大報恩寺塔

之際，於永樂十年（西元 1412 年）大興土木，建大報恩寺、塔，以感謝馬皇后的養育之恩，洗去身上的歷史是非。

這種說法為正統學者認可。《金陵大報恩寺塔志》是一九三七年的出版物（南京出版社新近再版），作者是學者張惠衣，書中搜集了各種版本的說法，其中有這樣的文字：「永樂十年，北遷，因欲報高皇帝深恩，於六月十五日午時起工，至宣德六年八月初一日完工，共十九年。敕工部侍郎黃立恭依大內圖式，造九級五色琉璃寶塔一座，曰第一塔，以揚先皇太后之德。」

但歷史就是這麼回事情，各種說法一多，特別是大家都說碽妃是朱棣生母，事情就複雜了，這個報恩寺塔為誰而建，真相便難辨了。

實際上，在朱元璋當皇帝時，工部侍郎黃立恭奏請修葺，但因為國力問題，一直未能動工。這樣，一直拖到朱棣遷都北京時，方准。從這裏也可以看出，朱棣借建塔「揚先皇太后之德」是有道理的。

## 謎團之二：為何選址於浪漫的長干里？

大報恩寺塔的具體地點在南京城南的東長干里，現今的雨花路東側，這個地方是中國的古典浪漫所在。唐代大詩人李白詩歌《長干行》裏有名句：「郎騎竹馬來，繞床弄青梅。

同居長干里，兩小無嫌猜。」「青梅竹馬」、「兩小無猜」的故事就發生於此。

民間有傳說，早年這裏有「異氣」。

在朱棣建塔前，這裏曾有阿育王佛塔。崇佛的梁武帝蕭衍，於大同八年（西元 543 年）對塔作了改造，復建長干寺，易名長干塔。宋天禧年間，又改為天禧寺，後建聖感塔。元至元年間，再改為天禧慈恩旌忠寺，元末塔毀。梁武帝為什麼要復建長干寺？其在《幸阿育王赦詔》中稱，時出現了異常天象，「月犯五車，老人星見」。

在塔建好後，頓現祥光。有詩「長干塔」稱：「十丈祥光起相輪，鐵浮屠鎮法王墳；只愁西域神僧至，夜捧長干剎入雲。」

阿育王即鐵輪王，傳說曾於一日一夜間，役鬼神造了八萬四千塔，此塔即是其中之一。此塔在梁武帝改造前，曾經多次重建。但自塔成後，這裏就出現異氣，成為佛門寶地。

順便交代一下，二〇〇八年八月，因南京重建大報恩寺塔，「長干塔」的地宮被當作大報恩寺地宮而意外被發現，出土了一只高達一點三公尺的大鐵函。鐵函內發現了一座金光閃閃的鎏金七寶阿育王塔的塔剎部分。

朱棣把報恩寺塔選擇在此，是否是這種考慮呢？這裏也有一個傳說，朱棣「靖難起兵」前曾向馬皇后發誓，如果當上皇帝後，便建一寺塔報答。在兵渡長江時，江中忽然湧出一座寶塔，朱棣一驚，忽然想起了起事前的誓言。在當了皇帝後第二天，出現了一起怪事，天禧寺突然發生了一場大火災。有人報信給朱棣，朱棣聽說後讓人不要救火，結果大火把寺燒得一乾二淨。火滅後，朱棣命人把寺址上所有的灰燼雜物全部鏟淨，扔到長江裏，在原址重新建寺建塔——此即大報恩寺和大報恩寺塔。

從朱棣親自擬就的《御制大報恩寺左碑》看，朱棣的想法裏還是考慮到這裏「佛緣」的。「輝煥一新，重造浮圖，高壯堅麗，度越前代，更名為『大報恩寺』，所以祇靈迎貺，上資福於皇考皇妣……」

此後，大報恩寺塔也是異象不斷。

如明孝宗朱祐樘去世後，十七歲的朱厚照當了皇帝。朱厚照當皇帝頭一年（西元 1506 年），多年平安無事的大報恩寺塔出問題了，讓雷擊壞了。時朝臣建議立即予以大修，但此建議遭到反對，有人認為這是不祥徵兆，有警告新皇帝的天意。《明史・曾鑒傳》（卷 185）記載了此事：「正德元年，雷震南京報恩寺塔，守備中官傅容請修之。鑒言天心示儆，不宜重興土木以勞民力，乃止。」

## 謎團之三：囚犯參加修建報恩寺了嗎？

報恩寺、塔的建設週期很長，工程量驚人，前後花了十九年時間（一說 16 年）。朱棣在生前並沒有看到此塔的建成，未報成恩，至他北征途中意外病死時，仍沒有建好，一直到他孫子朱瞻基當皇帝的宣德六年（一說宣德三年）才完工。這麼大的工程，需要的人力非同一般，據說共有十萬人參與了建設。那麼人都是從哪來的？

一般說法是「徵集軍匠夫役」，即主要是兩種人，一是士卒，二是民工。從《明史》所透露的情況看，在現場的士卒確實有不少，但不一定是勞力，而是維持勞動秩序和安全保衛事務的。這麼多士卒在施工現場就有疑問了，難道怕工人跑了？

民間傳說，還真就是這麼一回事情——報恩寺、塔為犯人所建。工程中的所謂民工，特別是做苦力活的，都是囚犯。這在史書中可以找到證據，《明史．鄭辰傳》（卷 157）中有這樣的文字記載：「南京敕建報恩寺，役囚萬人。蜚語言役夫謗訕，恐有變，命辰往驗。」

從上述文字中還可知道，建報恩寺時的工作條件異常艱苦，囚犯怨聲四起，傳言發生民變，朱棣這才派鄭辰前去查看。為了讓囚犯賣力，朱棣下詔，「原犯死罪者，蓋寺滿日，俱宥其死」。

但這麼大的皇家工程，不可能全憑犯人之力。明初工匠主要來源於元代的匠戶，工匠是技術人員，下面具體做體力活的還有役夫。每一匠人配有五名役夫。匠人實行輪班制，三年一輪，也就是說，被徵來的匠人三年之後才能回家；燒琉璃的匠人則為一年一班，一次至少要連續服役三個月。另外還有坐住制。

為了鼓勵軍人、匠人的「勞動熱情」，朱棣下詔，「軍夫人匠做工一年以上，始終不曾離役者，每名賞鈔十錠，賞布兩匹；夫匠免戶下雜差役，旗軍免余丁差撥各二年。」

## 謎團之四：建塔匠人後來「絕種」了？

大報恩寺塔在中國古建築史上有自己獨特的地位，素有「中國之大古董，永樂之大窯器」的美譽。

大報恩寺塔其美在塔形，平面八角，高九層；塔的覆瓦和拱門都用五色琉璃構件，塔共用二千兩黃金做成。飛馬、飛羊、獅子、白象等圖案，生動美觀。全塔共懸掛風鈴一百五十二個，塔內置油燈一百四十六盞，日夜通明，名為「長明燈」，每晝夜耗油達六十四斤。

大報恩寺塔貴在建築所用琉璃構件。琉璃，其實就是陶瓷技術中的一種。但建塔琉璃的燒造有獨特的方法。琉璃在中國古代文獻上有多種名稱，如「璆琳」、「琉璃」、「陸離」、「青金石」、「青玉」、「頗黎」、「玻璃」等，早期的琉璃泛指自然寶石或人造寶石、玻璃、陶胎鉛釉製品等三種物質，元明以來，琉璃特指陶胎鉛釉製品。

琉璃以陶土為胎，經 1200℃上下的高溫燒製後，表面塗刷鉛釉，再經 800℃左右的低溫燒製方成，屬低溫色釉。其以氧化鉛或硝為助熔劑，以鐵、銅、鈷、錳的氧化物為著色劑，再配以石英製成。但具體怎麼做，都使用了什麼配方？據說失傳了。

出土的琉璃構件圖案十分精美

大報恩寺塔的琉璃匠人都來自外地，以山西為多。燒造工藝失傳可能與中國傳統工藝的傳承方式有關。有關琉璃的燒製技術，尤其是釉色配方秘不外傳。過去琉璃製作都是匠人世代相傳或師徒相承，素有「父傳子、子傳孫，琉璃不傳外姓人」和「傳子不傳女」的習俗，年代久遠，技術難免失傳。

還有一種往往被人忽視的原因，琉璃燒造工藝配方中含有可提高彩釉融流性和光亮度的元素鉛，有很強的毒性。那些世代從事琉璃燒造的家族成員中，多因鉛中毒而短壽，甚至不能生育子女，直接「絕種」，這在客觀上導致了琉璃工藝的失傳。在「琉璃之鄉」的山西，當年名聲遠揚的琉璃產地的後代們現在差不多都默默無聞，或癡或傻，應該與此有直接關係。

但也有專家認為，古代琉璃工藝秘方其實並沒有失傳，其技術也並不是製陶業內的最難。曾對琉璃燒造工藝做過專門調查研究的南京工業大學建築院院長汪永平教授就是這個觀點。

在宋《營造法式》、明《天工開物》及一些文人筆記中均有記載：從製坯到成品，要經過二十道上下的工序，但裏面的「火候」很有講究，如第一次燒時，有經驗的匠人會把土坯燒得「生」些，以利色釉進入坯體。

製作琉璃的陶土在北方稱之為「坩子土」、「牙根石」，南方則稱為「白土」。它的產地分布很廣，明代以安徽當塗白土山產的白土質地最好，呈灰白色，燒成後呈白色。大報恩寺塔的琉璃構件即由此處的白土燒造。

但不論工藝是否失傳，嘴上講都沒有用。南京曾有專家依記載秘密地進行工藝試驗，但做出的東西卻是兩碼事情。目前中國琉璃燒造最好的地方是北京門頭溝一帶，故宮修復時所用的材料即出自於此，但已與明時的工藝是兩個概念了，雖然各廠家都聲稱自己的琉璃是正宗工藝。故宮修繕時所用琉璃是否可靠、正宗，還得靠時間去驗證。

## 謎團之五：兩套備件何時會出土？

上面說了，大報恩寺塔最精貴之處在琉璃，這也是過去人將之稱為「寶塔」的原因。

從工藝失傳情況來看，這也是它的最難之處。民間傳說，當年即意識到這種情況，再燒是燒不出原樣的，所以朱棣令工匠燒造時作了備份，以備將來損壞時替補。

當年出於建設應天都城的需要，朱元璋曾召集全國各地的能工巧匠到南京。朱棣在興建大報恩寺、塔時，也召集了大量匠人，特別是琉璃匠人。在寶塔山外的今窯崗村一帶，設官窯，燒造建塔所需的大量琉璃構件。傳說，當年共有七十二座窯場。大報恩塔造好，這些窯場就廢掉了。

明人張岱《陶庵夢憶》記載：「聞燒成時，具三塔相，成其一，埋其二，編號識之，今塔上損磚一塊，以字型大小報工部，發一磚補之，如生成焉。」專家據此推測，這兩套琉璃備件可能仍埋在離大報恩寺塔不遠的聚寶山明代琉璃窯址附近的地下。

據楊新華主編的《金陵佛寺大觀》一書介紹，一九五八年大陸「大煉鋼鐵」時期，民工在聚寶山窯址挖出了大量琉璃構件，上面均有層數和左右上下位置的墨筆字樣，專家斷定為大報恩寺塔上的拱門構件。南京博物院還做了一個拱門的復原模型，至今存於展廳。一九五九年，在附近還發現了用於存放琉璃構件的庫房，可惜遭毀。

當時大煉鋼鐵已近尾聲，在一個叫「眼香廟」的地方之東南方大約四五十公尺處，距地面兩公尺多深的地下，當地村民挖到堆放琉璃構件的庫房。庫房由大塊的城磚砌成，打開發現裏面有整齊的琉璃構件，有的重達二三百斤，兩塊便可裝一小板車。挖了四公尺深、兩公尺寬的豁口，仍不見窮盡。村民將這些構件，做成煉鋼爐用的「耐火磚」。後來停止煉鋼了，這些琉璃構件就用不上，挖出的部件也被全部打碎。另外，還發現了半成品倉庫。

一九八七年，南京官方成立了由現南京文物局副局長楊新華任組長的「明初琉璃窯遺址普查小組」，著手對「備件倉庫」進行調查探勘。鑽探結果表明，在窯址附近的一公尺多深地下，又發現埋藏有琉璃構件，進一步證實了史記的準確。但因為上面有民用樓房，至今無法全面發掘。

前幾年，南京在建設城南立交橋時，古窯址一帶也發現了大量的琉璃構件，筆者接到資訊後，曾趕去採訪調查，並且拿回了一些碎片。後因報社搬家，這些東西就被人扔了。筆者當時看到，出土的構件上確有墨汁標記，指明此構件位於什麼位置。後這些構件，讓南京有關方面運到夫子廟的江南貢院裏臨時保存。

這些跡象都顯示，報恩寺塔的兩套備件在事實上應該存在的，但需要最後的考古發現來證實，什麼時候能出土，目前還是個謎。

## 謎團之六：太平軍為何要炸塔？

大報恩寺塔矗立在南京城南長達四百多年，直到一八五六年才毀掉。大報恩寺塔的消失，「責任人」是太平軍——「咸豐六年，遭洪楊焚毀，並磚庫亦被炸去。」

「咸豐六年」，就是西元一八五六年。當年秋天，太平軍發生了嚴重的內訌，洪秀全、楊秀清之間矛盾爆發。時督師江西的北王韋昌輝，接到天王密詔（一說無密詔）後，率兵三千連夜回天京誅殺楊秀清及其家眷。韋昌輝圖謀不軌，有意擴大事態，株連殺戮楊部屬兩萬餘人，史稱「天京事變」。

翼王石達開聞訊冒險趕回天京，指責韋昌輝的

羅漢圖（南宋）

濫殺行徑。韋昌輝殺心又起，決定謀害石達開。石達開見情況不對，連夜逃往安徽的安慶，調集部隊討伐韋昌輝，要求洪秀全殺韋昌輝「以謝天下」。同年十月初五，洪秀全下詔討韋，處死了韋昌輝，削其封號，貶為「死孽」。

大報恩寺塔就是在石、韋對峙中毀掉的。當時，韋昌輝在城內，害怕石達開利用寺塔之高，向城門開炮，遂下令將塔炸毀。這座「第一塔」，就這樣從世人的視野中消失掉了。

大報恩寺的消失見證了近現代中國的多災多難。在此之前，已被英國人洗劫了一次。一八四〇年鴉片戰爭期間，英國人強迫清政府在南京靜海寺簽訂了中國近代史上第一個不平等條約《南京條約》。就在這期間，聽說「大磁塔」（大報恩寺塔）內有很多寶貝，英軍遂先後多次前去搶劫，金佛、金飾等可以拿到的裝飾器物、塔內擺設，都讓他們作為「紀念品」搜刮去了。又聽說物件表面鍍金，有的英軍拿出隨身攜帶的刀子，一塊一塊割「金皮」。後來遭中方強烈聲討，英軍為此賠點款了事。

塔被韋昌輝炸毀後，塔頂的兩只巨型「鐵盤」也墜落到地面上。這可不是一般的鐵盤，實質是「金盤」，外面裹了寸把厚的金皮（另一說是銅質）讓太平軍取走了。後來遺存一只在原址，被人移至塔基東南面「金陵製造局」（李鴻章在南京所建兵工廠）門口。盤頂朝天放在一個磚石平台上。在一九三七年中日戰爭全面爆發前，還放在門口。

已去世的南京博物院老文物工作者張正祥先生曾考察過，二〇〇四年筆者去張先生家採訪時，他曾提到過此事。抗戰勝利後，「鐵盤」就不見了，據說被日軍砸壞，熔化後造槍炮了。曾有當地居民證實，一九四三年時還看到過，此後就不見了。

從日軍侵華史上發現，「鐵盤」失蹤那一年，由於戰略資源匱乏，日軍開始在南京到處徵集「廢銅爛鐵」。

## 謎團之七：建塔手段與造金字塔相同？

大報恩寺塔曾是金陵「四十八景」之一，是當年南京的標誌性建築，也是亞洲的標誌，與古羅馬大競技場、古亞歷山大地下陵墓、義大利比薩斜塔，被西方傳教士稱為中世紀「七大奇觀」之一。

明代皇家琉璃燒造由琉璃廠負責，琉璃廠隸屬於工部營繕清吏司。大報恩寺當年是一項皇家工程，建築用料極其考究，所有的琉璃構件都是專窯燒造，欽派大太監監工，鄭和七下西洋回國後，即被朱棣安排負責過此塔的建造。工藝控制十分嚴格，稍有疵點即扔掉棄用，不少匠人役夫還因此被殺頭。據說，大報恩寺塔在十九年的建造過程中，花去的銀子有二百四十八點五萬多兩。當年錢緊張時，鄭和下西洋剩下的一百多萬塊錢都讓「挪用」了。

為什麼有這麼大的開支？除了大量琉璃構件所需成本外，還與建造方法有關。據說，大報恩寺的建造與古埃及法老的「金字塔」建築方法很相似，不是用腳手架一層一層搭建，而是「造一層，四周壅土一層，隨建隨壅，至九層，則亦壅九層，始終在平地建造。及工竣，復將所有壅土除去，而塔身始現。」這樣在「平地上」作業，可以保證工程的品質。

大報恩寺塔有七十八公尺高，這樣的高度，四周的封土堆自然不會少，土方的工程就不是一般的大。

# 帝王定都從風水角度考慮

帝王打下天下後，首先要考慮的是都城選在哪？而一個城市能成為「帝王都」，因素很多。除了地理位置這一要素之外，風水好不好，是否能養萬年龍脈，保盛年基業，這是很關鍵的。

所以，歷史上出現了多次的遷都事件，不少朝代為此實行「兩京制」。

## 中國古代都城流行「兩京制」

什麼叫兩京制？即一國兩都制度。

此制源於西周，當時西周的都城在鎬京，即今西安，後周公姬旦又在洛邑營造了一座新城，即今洛陽，洛邑後來成為東周的都城。此後，「兩京制」影響了中國多個朝代都城的興建，如漢、唐兩朝也是「兩京」，有東都洛陽，西都長安。

史上的短命王朝裏擁有「兩京」的更多，如魏晉南北朝時期的魏、北齊、北周都是兩個都城。朱元璋建立大明王朝後，由於南京不是在「中國的中心」，就想到了「兩京制」。在明亡清興以前，中國一直有兩個「首都」，一個南京，一個北京。

北京、南京，與現為西安的「西京」，分別是環渤海、長江、黃河三大都城類型中的優秀代表，「三京」，由此形成了中國古都文化的三大類型，即以西安（長安）為代表的黃河流域文化；以南京（建康）為代表的長江流域文化；以北京（大都）為代表的渤海文化。

在元之前，以西京為代表的「黃河流域類型都城」大受歡迎。除了「西京」，還有洛陽、開封等也屬黃河流域文化類型的「東京」。但在元之後，環渤海、長江流域的都城更受帝王青睞。其中，北京和南京成為首選，「西京」、「東京」基本上退出了。

這裏，就來說說帝王定都時的風水考慮，重點是南京、北京這兩座城市的歷史命運。

## 隋文帝毀建康為「菜地」

然而，在都城文化史上，南京卻是「三京」中最遭罪的。二十世紀三〇年代遭日本人「屠城」就不必說了，在西元六世紀，時名為建康的南京曾被「毀城」。西元五八九年，隋滅陳，隋文帝下令將「建康城邑平蕩耕墾」。《隋書·五行志

隋文帝楊堅

下》（卷 23）記載，「及陳亡，建康為墟」。說的就是這麼一回事情。

傳說，陳末曾滅亡時，就出現了災難的徵兆：有一隻獨腳的鳥出現在陳的宮殿裏，這鳥用嘴在地上亂畫，大家一看是幾個字——「獨足上高台，盛草變成灰。」史稱，「獨足者，叔寶獨行無眾之應。成草成灰者，陳政無穢，被隋火德所焚除也。」叔寶就是陳後主陳叔寶，這人很好色，荒淫無度，還大興土木，把國家弄得很糟糕。

隋文帝為何要對一座城市痛下殺手？原來問題出在風水上面。隋文帝迷信風水，認為曾為六朝舊都的建康城「王氣未淨」，此氣欺負隋都城大興，即現在的西安。當時毀城的執行人就是鎮守揚州的晉王楊廣（即後來的隋煬帝），把陳朝的宮城徹底摧毀，作為東吳、東晉、南朝宋、齊、梁、陳六朝都城，以往繁華似錦、遍淌胭脂的建康城，竟然成了一塊大菜地。

由於這次隋毀城徹底乾淨，六朝宮城到底是什麼樣子，具體位置在哪，後世一直弄不清。

## 秦始皇鑿出「秦淮河」

南京最早建城在西元前三三三年，楚威王打敗越國，殺越王無疆，盡取越國奪取的吳國地域，並在石頭山（今清涼山）築城，埋金以壓王氣，時稱金陵邑，或石頭城，現在還有石頭城遺跡。南京最流行的金陵叫法，據說即源於此時。南京東郊最為有名的鐘山（也曾叫過蔣山、紫金山），時便稱金陵山。

南京最早的一次「風水事件」則是發生在西元前二世紀，「主犯」是秦始皇嬴政，時南京稱秣陵。

據夏仁虎撰著《秦淮志》引《景定建康志》文，「舊傳秦始皇時，望氣者言：『五百年後金陵有天子氣』。於是東遊以厭當之。乃鑿方山，斷長隴，瀆入於江。故曰秦淮。」嬴政為了鎮壓南京的「天子氣」，破壞這裏的風水，讓當時的「龍藏浦」水流改道變向，具體地點在今天南京市江寧區方山石硊。此地筆者曾去看過，確有人工開鑿痕跡，但是不是秦始皇破壞南京風水而留下的，無法考證。

但在五百年後，這裏還是出現了天子，此人便是三國時期的東吳大帝孫權。

孫權在西元二二一年受曹丕封號為吳王。西元二二九年，孫權在武昌稱帝，建吳國。但武昌的風水不好，時有童謠：「寧飲建業水，不食武昌魚。寧就建業死，不就武昌居。」

不久，孫權定都南京，並起名為建業——在此建孫家帝王大業。

## 諸葛亮口出「虎踞龍盤」

三國時對南京風水情有獨鍾的並不是孫權，而是蜀國的諸葛亮。據《建康實錄》引晉人張勃《吳錄》文，三國時劉備曾派諸葛亮到南京，因觀秣陵山阜，驚歎不已：「鐘山龍盤，石頭虎踞，此帝王之宅也。」

諸葛亮

當時諸葛亮騎在馬上，駐足地點是今天城西的清涼山下，如今此地有「龍蟠里」，附近還有虎踞關。

在建康之後，金陵的稱號流行了。西元十世紀時，徐州人李昪在此稱帝立國，先稱「大齊」，後易名「唐」，史稱南唐。這個王朝最後的一位君主有一首很著名的詞《虞美人》：「春花秋月何時了，往事知多少。小樓昨夜又東風，故國不堪回首月明中。雕欄玉砌應猶在，只是朱顏改。問君能有幾多愁，恰似一江春水向東流。」

詞作者就是南唐後主李煜。李煜「性驕侈，好聲色，又喜浮圖，為高談，不恤政事。」為什麼李煜能寫出這麼漂亮這麼好的詞來，大概與受到南京這塊「江南第一州」特殊環境的薰染有很大關係。

## 南京「風水」最旺時期在明朝

朱元璋在安徽隨郭子興起兵後，終滅元奪得天下。朱元璋定都南京，受到了身邊一些儒士的影響。其中馮國用、陶安、葉競對南京的風水頗為推崇，積極建議朱元璋在此稱帝。

《明史．馮勝傳》（卷 129）記載，有一次朱元璋向馮勝的哥哥馮國用詢問天下大計，馮國用回答，「金陵龍蟠虎踞，帝王之都，先拔之以為根本。然後四出征伐，倡仁義，收人心，勿貪子女玉帛，天下不足定也。」朱元璋聽了很高興。

因為朱元璋本人對南京有偏好，下面的一幫人也跟著拍馬屁。有一次，朱元璋來了興致，命儒士們以鐘山為題賦詩。有個叫鄧伯言的對稱，「鼇足立四極，鐘山一蟠龍。」朱元璋聽了一下子激動起來，拍案大聲叫絕。鄧伯言以為惹怒了朱元璋，當時竟然嚇得面如土色。

一三六八年正月，朱元璋如願在南京當上了皇帝，建元洪武，改應天，定都南京。但南京的風水能否撐得起大明萬年基業，朱元璋還是存有疑惑。後來，朱棣遷都，從某種意義上講，也算是幫老子了了心願。

明滅亡後，清朝在南京設江寧府，「江寧」，成了南京的又一稱呼。但這一稱號在清末又有了新的說法——天京。

一八五三年三月，洪秀全領導的太平軍攻陷南京，定都於此，改名天京，建太平天國。建國時社會格局並未穩定，清軍仍有絕對的優勢。有人建議繼續北伐，打下北京，再定都。但洪秀全認為，南京地連三楚，勢控兩江，群山屏圍，長江襟帶，龍蟠虎踞，足可建國立業。如果當時洪秀全像朱元璋那樣「緩稱王」，繼續北伐，推翻清王朝是很有可能的。可惜歷史就是這樣，不容如果。

後來，南京的「天子氣」在二十世紀初再次顯露了出來。

一九一一年「辛亥革命」後，孫中山被推舉為中華民國臨時大總統。一九一二年一月一日，中華民國臨時政府在南京宣告成立。一九二七年，中華民國政府決定建都於南京。

## 堪輿術認為中國境內有「三條大龍」

要進一步深究中國都城及南京的風水，就要說到中國古代堪輿家眼裏公認的「三條大龍」。

什麼是「龍」？這是古代風水先生故弄玄虛的說法，所謂「龍」，就是山，「龍勢」就是山形和地理地貌呀。不過，把山看成「龍」也比較形象，從高空中看，綿延的山脈確實就是一條龍。

堪輿書籍大致是這樣劃分的：黃河以北的山脈屬「北龍」；黃河以南、漢水以北的山脈屬「中龍」；長江兩邊諸山是「南龍」。各條大龍中有餘脈、支脈，形成「小龍」。

「北龍」中最大的一條是太行，最長的一支為燕山，龍尾在平樂；「中龍」分三支，一支至西安，而盡關中；再一支生下幽谷，至嵩山；又一支到揚州結束；「南龍」中的祖龍是岷山，分左右兩條脈。

其中右脈生出四條「小龍」，龍脈最旺：一支為衡山，盡於湖南洞庭九江之西，再一支過桂嶺，包湘沅，盡於江西的廬山；第三支自南而東，包彭蠡之原，經安徽黃山，盡於江蘇南京。又於天目山分一支，盡於浙江。江西之山皆自五嶺贛上來，自南而北。閩廣之山自北而南，一支包浙江之原，北龍頭在紹興，龍尾在福建、廣東境內。

從古代堪輿術上來看，中國古代的三大都城北京、西安、南京，分列於北、中、南「三條大龍」結穴點上。

## 宋朱熹認為北京風水好

北京的風水比南京好在哪？

從中國古代堪輿術上看，北京處於「北龍」中最長的一條龍——燕山山脈之上，海拔多在一千公尺左右，龍勢明顯比南京的海拔兩三百公尺要雄偉。與南京相比，北京的「天子氣」則更重，北有燕山天然屏障，南是物產豐富的大小平原。從大局上看，從東北的山海關，到東面的渤海灣，至山東半島，則形成了北京的又一天然軍事關卡。詩人蘇轍詩《奉使契丹二十八首·燕山》中稱，「燕山如長蛇，千里限夷漢。首銜西山麓，尾掛東海岸。」把北京的帝王氣象說得淋漓盡致。

南宋著名理學家朱熹，對堪輿術也頗為在行，曾對北京所在的冀州一帶風水大加讚賞：「冀州好一風水，雲中諸山，來龍也；岱嶽，青龍也；華山，白虎也：嵩山，案也；淮南諸山，案外山也。」從朱熹的分析中可以看出，北京的地理形勢是全符合傳統的風水要義「左青龍右白虎」格局的，呈「四方朝覲」態勢。

北京在風水定義中，有人也曾稱「龍盤虎踞」，如元時人即認為，「幽燕之地，龍盤虎踞，形勢雄偉，南控江淮，北連朔漠。且天子必居中以受四方朝覲，大王果欲經營天下，駐蹕之所，非燕不可」。

據說這也是元從上都遷到大都的主要原因之一。

## 北京「龍翻身」在十二世紀

在西元十世紀時的遼時，北京一度也曾叫過南京。歷史上北京的叫法很多，薊城、燕京、中都、大都、北平都是北京的稱呼。但真正叫北京的則在一四〇三年之後，民國時期，又改北京為北平。

北京在三大古代都城中，成為「國家首都」的時間比西安和南京都要晚。北京的歷史最早可上溯到周武王時期，堯的後代被封於這個地方，時稱薊丘，後為燕國國都。「燕」的由來也因為燕山這條大龍的存在。

北京第一次「龍翻身」在西元十二世紀中葉，時金主將國都由東北遷到這裏。真正的龍興應該是在元朝。但這中間，北京也遭受了一次劫難，整個城市幾乎被燒光了。此事發生於西元一二一六年，之前一年，成吉思汗將金政權逼離燕去，遷都汴京。蒙古軍隊輕易就占領了燕京。成吉思汗的軍隊進城後，將金的宮室整個焚毀。

成吉思汗無意於定都北京，但到了元世祖忽必烈時期，情況發生變化。深得忽必烈信任的和尚劉秉忠建議，元的都城遷定到燕京為佳，忽必烈接受了這一建議，改燕京為大都。並指定劉秉忠主持大都的設計和建設。

劉秉忠依漢人傳統的風水觀點，按「前朝後市，左祖右社」的格式安排了大都的功能布局，歷時二十四年方建成，遂成現代北京城的輪廓。

本來，在元滅亡後，朱元璋差一點就將都城從南京給遷來了。但還是因為風水不吉的原因，迷信的朱元璋最終還是待在應天不走。在大都落入明軍手裏後，朱元璋曾諮詢朝臣的意見。但朱元璋身邊的人都是江蘇、浙江、安徽一帶的南方人，並不願到北京就職，便稱大都是元朝的亡國之地，王氣已盡，不宜建都。南京是興王之地，不必改圖。

## 明成祖朱棣鍾情北京

朱棣的封地就在北京，稱帝前是「燕王」，對北京有很深的感情。風水輪流轉，在朱棣當了皇帝後，北京風水也突然好了，群臣擁護，不再沒有王氣了。明朝是風水概念最為盛行的朝代之一，有不少這方面的書籍留存了下來。

其中有一本叫《葬經翼》，是一個叫繆希雍的風水大師寫的。書中觀點，就代表了有明一朝對北京風水的理解，「冀州者，太行之正，中條之幹也。燕都者，此龍之盡，鴨綠界其後，黃河挽其前，朝迎萬派，擁護重覆，北方一大會也」。

《山路松聲圖軸》（唐寅）

但北京的風水缺點也特別明顯，由於離關外太近，一旦失守，後果不堪設想。明中後期，不斷受到北方蒙古人的侵擾，明帝王後期一度想再遷南京。清初無錫人、地理學家顧祖禹撰著的《讀史方輿紀要》，被稱為「奇書」，書中就點明了北京風水的要害之處——

燕都僻處一隅，關塞之防日不暇給，卒旅奔命，挽輸懸遠，脫外滋肩背之憂，內啟門庭之寇，左支右吾，倉皇四顧，下尺一之符，徵兵於四方，死救未至而國先亡矣。

這個觀點，實際是從明朝被清朝滅亡的教訓中總結出來的。護京的居庸關、山海關、紫荊關、倒馬關等軍事要塞一旦失守，被對手控制住，北京城破陷僅是旦夕之事。

相比起來，南京和西安在風水上都沒有這方面的致命點。

## 風水好壞是個偽話題

北京的供給也成為一大問題，北京的水源與城市發展在歷史上就是一個突出的矛盾，「風水寶地」的北京缺水，是一個威脅不弱於敵人的問題，歷史上西域繁華的樓蘭古城會突然消失，就是因為沒有水，「乾死」的。

相比起北京，還有西安，南京獨特的地理環境優勢就顯露了出來。

南京四周經濟發達，風氣文明。東南的太湖平原和錢塘江流域自古就是富饒之鄉，作為運輸大動脈的長江，就在身邊，比黃河更加便利。從歷史上看，凡是在此建都的政權，從不愁經濟供給。難怪，南北朝時代的南朝文人謝朓即稱，「江南佳麗地，金陵帝王州」！

但南京人現在自己卻不自信起來，說是南京的王氣徹底不存了，六朝宮城所在地區，讓南京圖書新館鎮壓住了；紫金山西的「龍脖子」又被挖了一大洞——前年建的九華山隧道。

實際上，這些說法都是飯餘的笑談，是個偽話題。包括本文中所提到的「真龍」、「天子氣」什麼的，不過是古人的一種理解而已。歸根結底，一座城市能否發達，是與時代的選擇和民眾的努力聯結在一起的，而不是什麼天意，風水更是空的！

# 大都會文化圖書目錄

## ●度小月系列

| | | | |
|---|---|---|---|
| 路邊攤賺大錢【搶錢篇】 | 280 元 | 路邊攤賺大錢 2【奇蹟篇】 | 280 元 |
| 路邊攤賺大錢 3【致富篇】 | 280 元 | 路邊攤賺大錢 4【飾品配件篇】 | 280 元 |
| 路邊攤賺大錢 5【清涼美食篇】 | 280 元 | 路邊攤賺大錢 6【異國美食篇】 | 280 元 |
| 路邊攤賺大錢 7【元氣早餐篇】 | 280 元 | 路邊攤賺大錢 8【養生進補篇】 | 280 元 |
| 路邊攤賺大錢 9【加盟篇】 | 280 元 | 路邊攤賺大錢 10【中部搶錢篇】 | 280 元 |
| 路邊攤賺大錢 11【賺翻篇】 | 280 元 | 路邊攤賺大錢 12【大排長龍篇】 | 280 元 |
| 路邊攤賺大錢 13【人氣推薦篇】 | 280 元 | 路邊攤賺大錢 14【精華篇】 | 280 元 |
| 路邊攤賺大錢(人氣推薦精華篇) | 399 元 | | |

## ●*i* 下廚系列

| | | | |
|---|---|---|---|
| 男人的廚房—義大利篇 | 280 元 | 49 元美味健康廚房—養生達人教你花小錢也可以吃出好氣色 | 250 元 |

## ●寵物當家系列

| | | | |
|---|---|---|---|
| Smart 養狗寶典 | 380 元 | Smart 養貓寶典 | 380 元 |
| 貓咪玩具魔法 DIY—讓牠快樂起舞的 55 種方法 | 220 元 | 愛犬造型魔法書—讓你的寶貝漂亮一下 | 260 元 |
| 漂亮寶貝在你家—寵物流行精品 DIY | 220 元 | 我的陽光・我的寶貝—寵物真情物語 | 220 元 |
| 我家有隻麝香豬—養豬完全攻略 | 220 元 | SMART 養狗寶典(平裝版) | 250 元 |
| 生肖星座招財狗 | 200 元 | SMART 養貓寶典(平裝版) | 250 元 |
| SMART 養兔寶典 | 280 元 | 熱帶魚寶典 | 350 元 |
| Good Dog—聰明飼主的愛犬訓練手冊 | 250 元 | 愛犬特訓班 | 280 元 |
| City Dog—時尚飼主的愛犬教養書 | 280 元 | 愛犬的美味健康煮 | 250 元 |
| Know Your Dog—愛犬完全教養事典 | 320 元 | Dog's IQ 大考驗——判斷與訓練愛犬智商的 50 種方法 | 250 元 |
| 幼貓小學堂—Kitty 的飼養與訓練 | 250 元 | 幼犬小學堂—— Puppy 的飼養與訓練 | 250 元 |
| 愛犬的聰明遊戲書 | 250 元 | | |

## ●人物誌系列

| | | | |
|---|---|---|---|
| 現代灰姑娘 | 199 元 | 黛安娜傳 | 360 元 |
| 船上的 365 天 | 360 元 | 優雅與狂野—威廉王子 | 260 元 |
| 走出城堡的王子 | 160 元 | 殞逝的英格蘭玫瑰 | 260 元 |
| 貝克漢與維多利亞—新皇族的真實人生 | 280 元 | 幸運的孩子—布希王朝的真實故事 | 250 元 |
| 瑪丹娜—流行天后的真實畫像 | 280 元 | 紅塵歲月—三毛的生命戀歌 | 250 元 |

| | | | |
|---|---|---|---|
| 風華再現一金庸傳 | 260 元 | 俠骨柔情一古龍的今生今世 | 250 元 |
| 她從海上來一張愛玲情愛傳奇 | 250 元 | 從間諜到總統一普丁傳奇 | 250 元 |
| 脫下斗篷的哈利一丹尼爾 ‧ 雷德克里夫 | 220 元 | 蛻變一章子怡的成長紀實 | 260 元 |
| 強尼戴普一可以狂放叛逆，也可以柔情感性 | 280 元 | 棋聖 吳清源 | 280 元 |
| 華人十大富豪一他們背後的故事 | 250 元 | 世界十大富豪一他們背後的故事 | 250 元 |
| 誰是潘柳黛？ | 280 元 | | |

## ●心靈特區系列

| | | | |
|---|---|---|---|
| 每一片刻都是重生 | 220 元 | 給大腦洗個澡 | 220 元 |
| 成功方與圓一改變一生的處世智慧 | 220 元 | 轉個彎路更寬 | 199 元 |
| 課本上學不到的 33 條人生經驗 | 149 元 | 絕對管用的 38 條職場致勝法則 | 149 元 |
| 從窮人進化到富人的 29 條處事智慧 | 149 元 | 成長三部曲 | 299 元 |
| 心態一成功的人就是和你不一樣 | 180 元 | 當成功遇見你一迎向陽光的信心與勇氣 | 180 元 |
| 改變，做對的事 | 180 元 | 智慧沙 | 199 元（原價 300 元） |
| 課堂上學不到的 100 條人生經驗 | 199 元（原價 300 元） | 不可不防的 13 種人 | 199 元（原價 300 元） |
| 不可不知的職場叢林法則 | 199 元（原價 300 元） | 打開心裡的門窗 | 200 元 |
| 不可不慎的面子問題 | 199 元（原價 300 元） | 交心一別讓誤會成為拓展人脈的絆腳石 | 199 元 |
| 方圓道 | 199 元 | 12 天改變一生 | 199 元（原價 280 元） |
| 氣度決定寬度 | 220 元 | 轉念一扭轉逆境的智慧 | 220 元 |
| 氣度決定寬度 2 | 220 元 | 逆轉勝一發現在逆境中成長的智慧 | 199 元（原價 300 元） |
| 智慧沙 2 | 199 元 | 好心態，好自在 | 220 元 |
| 生活是一種態度 | 220 元 | 要做事，先做人 | 220 元 |
| 忍的智慧 | 220 元 | 交際是一種習慣 | 220 元 |
| 溝通一沒有解不開的結 | 220 元 | 愛の練習曲一與最親的人快樂相處 | 220 元 |
| 有一種財富叫智慧 | 199 元 | 幸福，從改變態度開始 | 220 元 |
| 菩提樹下的禮物一改變千萬人的生活智慧 | 250 元 | 有一種境界叫捨得 | 220 元 |
| 有一種財富叫智慧 2 | 199 元 | 被遺忘的快樂祕密 | 220 元 |
| 智慧沙【精華典藏版】 | 250 元 | 有一種智慧叫以退為進 | 220 元 |

## ● SUCCESS 系列

| | | | |
|---|---|---|---|
| 七大狂銷戰略 | 220 元 | 打造一整年的好業績一店面經營的 72 堂課 | 200 元 |
| 超級記憶術一改變一生的學習方式 | 199 元 | 管理的鋼盔一商戰存活與突圍的 25 個必勝錦囊 | 200 元 |

| | | | |
|---|---|---|---|
| 搞什麼行銷—152 個商戰關鍵報告 | 220 元 | 精明人聰明人明白人—態度決定你的成敗 | 200 元 |
| 人脈＝錢脈—改變一生的人際關係經營術 | 180 元 | 週一清晨的領導課 | 160 元 |
| 搶救貧窮大作戰？48 條絕對法則 | 220 元 | 搜驚．搜精．搜金—從 Google 的致富傳奇中，你學到了什麼？ | 199 元 |
| 絕對中國製造的 58 個管理智慧 | 200 元 | 客人在哪裡？—決定你業績倍增的關鍵細節 | 200 元 |
| 殺出紅海—漂亮勝出的 104 個商戰奇謀 | 220 元 | 商戰奇謀 36 計—現代企業生存寶典 I | 180 元 |
| 商戰奇謀 36 計—現代企業生存寶典 II | 180 元 | 商戰奇謀 36 計—現代企業生存寶典 III | 180 元 |
| 幸福家庭的理財計畫 | 250 元 | 巨賈定律—商戰奇謀 36 計 | 498 元 |
| 有錢真好！輕鬆理財的 10 種態度 | 200 元 | 創意決定優勢 | 180 元 |
| 我在華爾街的日子 | 220 元 | 贏在關係—勇闖職場的人際關係經營術 | 180 元 |
| 買單！一次就搞定的談判技巧 | 199 元（原價 300 元） | 你在說什麼？—39 歲前一定要學會的 66 種溝通技巧 | 220 元 |
| 與失敗有約—13 張讓你遠離成功的入場券 | 220 元 | 職場 AQ—激化你的工作 DNA | 220 元 |
| 智取—商場上一定要知道的 55 件事 | 220 元 | 鏢局—現代企業的江湖式生存 | 220 元 |
| 到中國開店正夯《餐飲休閒篇》 | 250 元 | 勝出！—抓住富人的 58 個黃金錦囊 | 220 元 |
| 搶賺人民幣的金雞母 | 250 元 | 創造價值—讓自己升值的 13 個秘訣 | 220 元 |
| 李嘉誠談做人做事做生意 | 220 元 | 超級記憶術（紀念版） | 199 元 |
| 執行力—現代企業的江湖式生存 | 220 元 | 打造一整年的好業績—店面經營的 72 堂課 | 220 元 |
| 週一清晨的領導課（二版） | 199 元 | 把生意做大 | 220 元 |
| 李嘉誠再談做人做事做生意 | 220 元 | 好感力—辦公室 C 咖出頭天的生存術 | 220 元 |
| 業務力—銷售天王 VS. 三天陣亡 | 220 元 | 人脈＝錢脈—改變一生的人際關係經營術（平裝紀念版） | 199 元 |
| 活出競爭力—讓未來再發光的 4 堂課 | 220 元 | 選對人，做對事 | 220 元 |
| 先做人，後做事 | 220 元 | 借力—用人才創造錢財 | 220 元 |
| 有機會成為 CEO 的員工—這八種除外！ | 220 元 | 先做人後做事 第二部 | 220 元 |
| 老闆不會告訴你的事—有機會成為 CEO 的員工，這 8 種除外！ | 220 元 | | |

## ●都會健康館系列

| | | | |
|---|---|---|---|
| 秋養生—二十四節氣養生經 | 220 元 | 春養生—二十四節氣養生經 | 220 元 |
| 夏養生—二十四節氣養生經 | 220 元 | 冬養生—二十四節氣養生經 | 220 元 |
| 春夏秋冬養生套書 | 699 元（原價 880 元） | 寒天—0 卡路里的健康瘦身新主張 | 200 元 |
| 地中海纖體美人湯飲 | 220 元 | 居家急救百科 | 399 元（原價 550 元） |
| 病由心生—365 天的健康生活方式 | 220 元 | 輕盈食尚—健康腸道的排毒食方 | 220 元 |

| | | | |
|---|---|---|---|
| 樂活，慢活，愛生活—<br>健康原味生活 501 種方式 | 250 元 | 24 節氣養生食方 | 250 元 |
| 24 節氣養生藥方 | 250 元 | 元氣生活—日の舒暢活力 | 180 元 |
| 元氣生活—夜の平靜作息 | 180 元 | 自療—馬悅凌教你管好自己的健康 | 250 元 |
| 居家急救百科（平裝） | 299 元 | 秋養生—二十四節氣養生經 | 220 元 |
| 冬養生—二十四節氣養生經 | 220 元 | 春養生—二十四節氣養生經 | 220 元 |
| 夏養生—二十四節氣養生經 | 220 元 | 遠離過敏—打造健康的居家環境 | 280 元 |
| 溫度決定生老病死 | 250 元 | 馬悅凌細說問診單 | 250 元 |
| 你的身體會說話 | 250 元 | 春夏秋冬養生—二十四節氣養生經（二版） | 699 元 |
| 情緒決定你的健康—無病無痛快樂活到 100 歲 | 250 元 | 逆轉時光變身書— 8 週變美變瘦變年輕的健康祕訣 | 280 元 |
| 今天比昨天更健康：良好生活作息的神奇力量 | 220 元 | 「察顏觀色」—<br>從頭到腳你所不知道的健康警訊 | 250 元 |
| 24 節氣養生食方 ( 彩色圖文版 ) | 350 元 | | |

## ●大旗藏史館

| | | | |
|---|---|---|---|
| 大清皇權遊戲 | 250 元 | 大清后妃傳奇 | 250 元 |
| 大清官宦沉浮 | 250 元 | 大清才子命運 | 250 元 |
| 開國大帝 | 220 元 | 圖說歷史故事—先秦 | 250 元 |
| 圖說歷史故事—秦漢魏晉南北朝 | 250 元 | 圖說歷史故事—隋唐五代兩宋 | 250 元 |
| 圖說歷史故事—元明清 | 250 元 | 中華歷代戰神 | 220 元 |
| 圖說歷史故事全集 | 880 元（原價 1000 元） | 人類簡史—我們這三百萬年 | 280 元 |
| 世界十大傳奇帝王 | 280 元 | 中國十大傳奇帝王 | 280 元 |
| 歷史不忍細讀 | 250 元 | 歷史不忍細讀 II | 250 元 |
| 中外 20 大傳奇帝王（全兩冊） | 490 元 | 大清皇朝密史 ( 全四冊 ) | 1000 元 |
| 帝王秘事—你不知道的歷史真相 | 250 元 | 上帝之鞭—<br>成吉思汗、耶律大石、阿提拉的征戰帝國 | 280 元 |
| 百年前的巨變－晚清帝國崩潰的三十二個細節 | 250 元 | 說春秋之一：齊楚崛起 | 250 元 |

## ●世界風華館

| | | | |
|---|---|---|---|
| 環球國家地理 ・ 歐洲（黃金典藏版） | 250 元 | 環球國家地理 ・ 亞洲 ・ 大洋洲<br>（黃金典藏版） | 250 元 |
| 環球國家地理 ・ 非洲 ・ 美洲 ・ 兩極<br>（黃金典藏版） | 250 元 | 中國國家地理 ・ 華北 ・ 華東<br>（黃金典藏版） | 250 元 |
| 中國國家地理 ・ 中南 ・ 西南<br>（黃金典藏版） | 250 元 | 中國國家地理 ・ 東北 ・ 西東 ・ 港澳<br>（黃金典藏版） | 250 元 |
| 中國最美的 96 個度假天堂 | 250 元 | 非去不可的 100 個旅遊勝地 · 世界篇 | 250 元 |

| | | | |
|---|---|---|---|
| 非去不可的 100 個旅遊勝地 · 中國篇 | 250 元 | 環球國家地理【全集】 | 660 元 |
| 中國國家地理【全集】 | 660 元 | 非去不可的 100 個旅遊勝地（全二冊） | 450 元 |
| 全球最美的地方—漫遊美國 | 250 元 | 全球最美的地方—驚豔歐洲 | 280 元 |
| 全球最美的地方—狂野非洲 | 280 元 | 世界最美的 50 個古堡 | 280 元 |

## ● STORY 系列

| | | | |
|---|---|---|---|
| 失聯的飛行員—一封來自 30,000 英呎高空的信 | 220 元 | Oh, My God! —阿波羅的倫敦愛情故事 | 280 元 |
| 國家寶藏 1 —天國謎墓 | 199 元 | 國家寶藏 2 —天國謎墓 II | 199 元 |
| 國家寶藏 3 —南海鬼谷 | 199 元 | 國家寶藏 4 —南海鬼谷 II | 199 元 |
| 國家寶藏 5 —樓蘭奇宮 | 199 元 | 國家寶藏 6 —樓蘭奇宮 II | 199 元 |
| 國家寶藏 7 —關中神陵 | 199 元 | 國家寶藏 8 —關中神陵 II | 199 元 |
| 國球的眼淚 | 250 元 | 國家寶藏首部曲 | 398 元 |
| 國家寶藏二部曲 | 398 元 | 國家寶藏三部曲 | 398 元 |
| 秦書 | 250 元 | 罪全書 | 250 元 |

## ●親子教養系列

| | | | |
|---|---|---|---|
| 孩童完全自救寶盒（五書＋五卡＋四卷錄影帶） | 3,490 元（特價 2,490 元） | 孩童完全自救手冊—這時候你該怎麼辦（合訂本） | 299 元 |
| 我家小孩愛看書—Happy 學習 easy go ！ | 200 元 | 天才少年的 5 種能力 | 280 元 |
| 哇塞！你身上有蟲！—學校忘了買、老師不敢教，史上最髒的科學書 | 250 元 | 天才少年的 5 種能力（二版） | 280 元 |
| 髒的科學書 | | | |

**◎關於買書：**

**1. 大都會文化的圖書在全國各書店及誠品、金石堂、何嘉仁、敦煌、紀伊國屋、諾貝爾等連鎖書店均有販售，如欲購買本公司出版品，建議你直接洽詢書店服務人員以節省您寶貴時間，如果書店已售完，請撥本公司各區經銷商服務專線洽詢。**

**北部地區：(02)85124067　桃竹苗地區：(03)2128000**
**中彰投地區：(04)22465179　雲嘉地區：(05)2354380**
**臺南地區：(06)2642655　高屏地區：(07)2367015**

**2. 到以下各網路書店購買：**

**大都會文化網站（http://www.metrobook.com.tw)**
**博客來網路書店（http://www.books.com.tw)**
**金石堂網路書店（http://www.kingstone.com.tw)**

**3. 到郵局劃撥：**

**戶名：大都會文化事業有限公司　帳號：14050529**

**4. 親赴大都會文化買書可享 8 折優惠。**

98-04-43-04 郵政劃撥儲金存款單

| 收款帳號 | 1 | 4 | 0 | 5 | 0 | 5 | 2 | 9 | 金額 新台幣（小寫） | 億 | 仟萬 | 佰萬 | 拾萬 | 萬 | 仟 | 佰 | 拾 | 元 |
|---|---|---|---|---|---|---|---|---|---|---|---|---|---|---|---|---|---|---|
| | | | | | | | | | | | | | | | | | | |

通訊欄（限與本次存款有關事項）

我要購買以下書籍

| 書名 | 單價 | 數量 | 合計 |
|---|---|---|---|
| | | | |
| | | | |
| | | | |
| | | | |
| | | | |

購書金額未滿600元，另加收60元國內掛號郵資或貨運專送運費。

總計數量及金額：共______本，合計______元

收款戶名：大都會文化事業有限公司

寄款人 □他人存款 □本戶存款

姓名

地址 □□□-□□

電話

主管：

經辦局收款戳

虛線內備供機器印錄用請勿填寫

◎寄款人請注意背面說明

◎本收據由電腦印錄請勿填寫

郵政劃撥儲金存款收據

收款帳號戶名

存款金額

電腦紀錄

經辦局收款戳

## 郵政劃撥存款收據注意事項

一、本收據請妥為保管，以便日後查考。

二、如欲查詢存款入帳詳情時，請檢附本收據及已填妥之查詢函向任一郵局辦理

三、本收據各項金額、數字係機器印製，如非機器列印或經塗改或無收款郵局收訖章者無效。

## 大都會文化、大旗出版社讀者請注意

一、帳號、戶名及寄款人姓名地址各欄請詳細填明，以免誤寄；抵付票據之存款，務請於交換前一天存入。

二、本存款單金額之幣別為新台幣，每筆存款至少須在新台幣十五元以上，且限填至元位為止。

三、倘金額塗改時請更換存款單重新填寫。

四、本存款單不得黏貼或附寄任何文件。

五、本存款金額業經電腦登帳後，不得申請撤回。

六、本存款單備供電腦影像處理，請以正楷工整書寫並請勿摺疊。帳戶如需自印存款單，各欄文字及規格必須與本單完全相符；如有不符，各局應婉請寄款人更換郵局印製之存款單填寫，以利處理。

七、本存款單帳號與金額欄請以阿拉伯數字書寫。

八、帳戶本人在「付款局」所在直轄市或縣(市)以外之行政區域存款，需由帳戶內扣收手續費。

**如果您在存款上有任何問題，歡迎您來電洽詢**
**讀者服務專線：(02)2723-5216(代表線)**
**為您服務時間：09：00～18：00(週一至週五)**

大都會文化事業有限公司　讀者服務部

交易代號：0501、0502 現金存款　0503票據存款　2212 劃撥票據託收

# 帝王秘事 貳——
# 你不知道的歷史真相

作　　者　倪方六

發 行 人　林敬彬
主　　編　楊安瑜
編　　輯　李彥蓉
內頁編排　郭安迪
封面設計　林妍邑

出　　版　大旗出版　行政院新聞局北市業字第1688號
發　　行　大都會文化事業有限公司
11051台北市信義區基隆路一段432號4樓之9
讀者服務專線：(02)27235216
讀者服務傳真：(02)27235220
電子郵件信箱：metro@ms21.hinet.net
網　　　址：www.metrobook.com.tw

郵政劃撥　14050529 大都會文化事業有限公司
出版日期　2011年5月初版一刷
定　　價　250元
ISBN　978-986-6234-23-1
書　　號　History-20

4F-9, Double Hero Bldg., 432, Keelung Rd., Sec. 1,
Taipei 11051, Taiwan
Tel:+886-2-2723-5216　Fax:+886-2-2723-5220
E-mail:metro@ms21.hinet.net
Web-site:www.metrobook.com.tw


國家圖書館出版品預行編目資料

帝王秘事 貳: 你不知道的歷史真相 / 倪方六著.
-- 初版. -- 臺北市 : 大旗出版 : 大都會文化發行,
2011. 05
面 ; 公分. -- ( History ; 20 )

ISBN 978-986-6234-23-1 ( 平裝 )

1.帝王　2.傳記　3.中國

782.27　　100005434

# 大都會文化　讀者服務卡

書名：**帝王秘事 貳─你不知道的歷史真相**

謝謝您選擇了這本書！期待您的支持與建議，讓我們能有更多聯繫與互動的機會。

A. 您在何時購得本書：______年______月______日

B. 您在何處購得本書：____________書店，位於____________(市、縣)

C. 您從哪裡得知本書的消息：

1.□書店　2.□報章雜誌　3.□電台活動　4.□網路資訊

5.□書籤宣傳品等　6.□親友介紹　7.□書評　8.□其他

D. 您購買本書的動機：（可複選）

1.□對主題或內容感興趣　2.□工作需要　3.□生活需要

4.□自我進修　5.□內容為流行熱門話題　6.□其他

E. 您最喜歡本書的：（可複選）

1.□內容題材　2.□字體大小　3.□翻譯文筆　4.□封面　5.□編排方式　6.□其他

F. 您認為本書的封面：1.□非常出色　2.□普通　3.□毫不起眼　4.□其他

G.您認為本書的編排：1.□非常出色　2.□普通　3.□毫不起眼　4.□其他

H. 您通常以哪些方式購書：(可複選)

1.□逛書店　2.□書展　3.□劃撥郵購　4.□團體訂購　5.□網路購書　6.□其他

I. 您希望我們出版哪類書籍：（可複選）

1.□旅遊　2.□流行文化　3.□生活休閒　4.□美容保養　5.□散文小品

6.□科學新知　7.□藝術音樂　8.□致富理財　9.□工商企管　10.□科幻推理

11.□史哲類　12.□勵志傳記　13.□電影小說　14.□語言學習（_____語）

15.□幽默諧趣　16.□其他

J. 您對本書(系)的建議：

________________________________________

K. 您對本出版社的建議：

________________________________________

## 讀者小檔案

姓名：____________ 性別：□男　□女　生日：____年____月____日

年齡：□20歲以下 □21～30歲 □31～40歲　□41～50歲 □51歲以上

職業：1.□學生 2.□軍公教 3.□大眾傳播 4.□服務業 5.□金融業 6.□製造業

7.□資訊業 8.□自由業 9.□家管 10.□退休 11.□其他

學歷：□國小或以下 □國中 □高中／高職 □大學／大專 □研究所以上

通訊地址：____________________________

電話：（H）____________（O）____________ 傳真：____________

行動電話：____________E-Mail：____________

◎謝謝您購買本書，也歡迎您加入我們的會員，請上大都會文化網站 www.metrobook.com.tw 登錄您的資料。您將不定期收到最新圖書優惠資訊和電子報。

# 帝王秘事 貳—
# 你不知道的歷史真相